AF357570

COMMENTAIRE

DE LA LOI DU 29 AVRIL 1845

SUR LES IRRIGATIONS.

OUVRAGES DU MÊME AUTEUR

qui se trouvent à la même adresse.

———

Traité des Chemins de toute espèce, comprenant les routes royales et départementales, les chemins vicinaux, rues et places publiques, arbres, haies, fossés, alignemens, réglemens de voirie. Quatrième édition. Un vol. in-8°. Prix : 8 fr. ; et 11 fr. par la poste.

Supplément au **Traité des Chemins**, contenant un Commentaire de la loi du 21 mai 1836 sur les chemins vicinaux, et de nombreuses additions au **Traité**. Prix : 3 fr. 25 c., et 5 fr. par la poste.

Régime des Eaux, ou Traité des eaux de la mer, des fleuves, rivières navigables et flottables, et autres eaux de toute espèce. Troisième édition. Quatre vol. in-8°. Prix : 21 fr. 50 c., et 26 fr. par la poste.

Traité des Actions possessoires. Deuxième édition. Un vol. in-8. Prix : 6 fr., et 8 fr. par la poste.

Supplément à ce **Traité**, publié en 1839. Prix : 1 fr. 50 c., et 2 fr. par la poste.

PARIS, DE L'IMPRIMERIE DE PILLET AINÉ,
Rue des Grands-Augustins, n. 7.

COMMENTAIRE

DE LA LOI DU 29 AVRIL 1845

SUR LES IRRIGATIONS,

PAR F. X. P. GARNIER,

Avocat aux Conseils du Roi et à la Cour de Cassation, ancien Président
du Conseil de l'ordre ;

SUIVI

DES RAPPORTS DE MM. DALLOZ ET PASSY ;

D'UN

Extrait des Législations étrangères, avec annotations
sur le même sujet.

———※———

A PARIS,

CHEZ L'ÉDITEUR, RUE DE L'ODÉON, N° 36.

—

1845.

AVERTISSEMENT.

La loi dont nous offrons aujourd'hui le commentaire était attendue impatiemment depuis fort long-tems, et répond à une nécessité publique évidente. Elle est intitulée : *Loi sur les irrigations*, titre qui n'est pas complètement exact, puisque d'un côté elle garde le silence sur le droit, le mode, le réglement, la partie pratique des irrigations ; que de l'autre elle s'occupe non-seulement d'assurer le passage des eaux destinées à l'irrigation, mais encore de donner le moyen de se débarrasser de celles qui empêchent la culture des fonds. Cela tient à ce que, dans l'origine, le projet de loi ne comprenait pas ce second objet ; que l'art. 3 qui y pourvoit n'a été introduit que par voie d'amendement proposé par un membre de la Chambre des députés , malgré l'opposition de la commission, et qu'on n'a pas songé à mettre le titre en parfaite harmonie avec les dispositions, en y ajoutant quelques mots.

Quelques législations étrangères, notamment celles de Sardaigne, de Lombardie, de Parme,

de Prusse, de Wurtemberg, dont nous rappor-
terons les dispositions à la fin de cet ouvrage,
vont beaucoup plus loin que la loi du 29 avril
dernier ; car elles accordent le passage et même
le droit de prise d'eau à des propriétaires non
riverains, avec faculté d'appuyer un barrage sur
la rive opposée du ruisseau, non-seulement pour
l'irrigation des héritages, mais aussi pour faire
mouvoir des moulins et usines. Plusieurs conseils-généraux avaient demandé l'application de
ces principes à la France; mais on n'a pas cru
devoir entrer dans cette voie, qui eût constitué
une innovation trop grave à notre droit commun, à notre Code civil. On ne pourra donc
exiger l'établissement d'un barrage, le droit
d'appui sur la rive opposée, lors même qu'ils seraient nécessaires.

Du reste, il ne faut pas se dissimuler que si la
loi est un grand bienfait pour l'agriculture, elle
produira en même tems quelques inconvéniens,
par le morcellement, la division des propriétés
qu'elle atteindra, et en leur causant des préjudices de plus d'une sorte que les experts et les
tribunaux ne pourront pas toujours prévoir et
calculer, et dont quelquefois l'indemnité préalable ne sera pas le complet dédommagement.

Le principal inconvénient de la loi sera, suivant nous, dans les contestations que son appli-

cation fera naître. Les débats relatifs à la propriété foncière sont ordinairement longs, coûteux et passionnés. Un intérêt toujours croissant et de plus en plus vif s'attache à ce genre de propriété.

Notre but, en publiant ce commentaire, a été de signaler et de bien faire connaître les avantages et les inconvéniens de l'innovation législative que tous les vœux appelaient, afin qu'en profitant des uns on se garantisse le plus possible des autres. Puissions-nous être parvenu à éclairer nos concitoyens sur leurs véritables intérêts, sur leurs droits et leurs obligations, et à éviter des collisions entre eux. Puissions-nous avoir aidé la sagesse des tribunaux dans l'accomplissement de leur honorable et difficile mission !

Pour faciliter l'intelligence de la nouvelle loi, nous reproduisons, à la suite du commentaire, deux rapports de MM. Dalloz et Passy.

Loi et Commentaire.

ARTICLE 1er.

« Tout propriétaire qui voudra se servir, pour l'irrigation de ses propriétés, des eaux naturelles ou artificielles dont il a le droit de disposer, pourra obtenir le passage de ces eaux sur les fonds intermédiaires, à la charge d'une juste et préalable indemnité.

» Sont exceptés de cette servitude, les maisons, cours, jardins, parcs et enclos attenant aux habitations. »

Cet article s'applique aux eaux de toutes les espèces, naturelles ou artificielles. Ainsi, les eaux vives ou mortes, courantes ou stagnantes, les eaux qui se sont ouvert d'elles-mêmes un passage en sortant du sein de la terre, celles qui ne sont obtenues qu'au moyen de puits artésiens, les eaux de pluie, celles provenant de la fonte des neiges ou glaces coulant sur la voie publique ou dans des héritages privés, celles des rivières navigables ou flottables naturellement ou par travaux d'art, les lacs, étangs, aqueducs, ruisseaux, bassins, réservoirs ; en un mot, tou-

tes les eaux sous quelque dénomination qu'on
les connaisse ou qu'on les désigne font également
ment l'objet de la loi; et il n'y a aucune distinction à faire entre elles pour le passage auquel le
législateur a voulu pourvoir, et qu'il a eu l'intention de procurer aux propriétaires qui avaient
droit et besoin de les diriger vers d'autres héritages.

Il importe, d'ailleurs, de se bien pénétrer de
cette vérité incontestable qui résulte claire-
ment des rapports des commissions, ainsi que
des discussions aux deux Chambres, c'est que le
but unique de la nouvelle loi a été de procurer
un passage aux eaux utiles ou incommodes, de
créer une servitude par une sorte d'assimilation
à la servitude en cas d'enclave consacrée par les
art. 682, 683, 684 et 685 du Code civil, et dont
nous avons développé les principes dans notre
Traité des Chemins.

Nous ne saurions trop insister sur ce point essentiel, que ce n'est qu'une simple servitude d'a-
queduc que la loi a entendu autoriser. Ainsi,
celui qui a besoin du passage des eaux ne peut
réclamer la propriété, l'expropriation du terrain; de même que le possesseur du fonds au
travers duquel le passage doit s'effectuer n'a pas
le droit de forcer le premier à acheter en tout
ou en partie son héritage. La mutation de pro-

priété ne peut résulter que d'un accord respectif. Un simple particulier ne peut, en effet, dans son intérêt privé exiger une expropriation que la Charte et les lois n'autorisent que pour utilité publique bien constatée. Aussi le second § de l'art. 1er qualifie-t-il lui-même de servitude le nouveau droit qu'il établit. Au surplus, ce qui achèverait de dissiper tous les doutes, s'il pouvait encore en rester à cet égard, c'est que la proposition originaire de l'honorable M. Dangeville parlait d'expropriation, mais que la commission a changé cette disposition par les motifs que nous venons de présenter, et que M. Dangeville lui-même a consenti à ce changement.

Cependant, s'il s'agissait d'intérêts généraux, d'une grande étendue de terrain à fertiliser, si un grand nombre de propriétaires réclamaient un passage jugé nécessaire, il pourrait y avoir lieu à l'expropriation en suivant les formes ordinaires, et en appliquant conséquemment la loi du 3 mai 1841.

On peut voir ce que nous disons dans notre *Régime des Eaux,* n°s 419 et 961.

Toutes les propriétés, de quelque nature qu'elles soient, et quels que soient leurs possesseurs, sont également appelées à jouir du bénéfice de la loi et obligées de supporter la charge qu'elle impose.

Les propriétés de l'État, des communes, des femmes mariées sous le régime dotal, des mineurs, des interdits, celles composant un majorat ou grevées de substitution, peuvent donc également être frappées de la servitude ou en profiter. La loi s'exprime de la manière la plus générale, et les motifs qui ont dicté ses dispositions s'appliquent à tous les biens sans aucune distinction. *Ubi lex non distinguit, nec nos distinguere debemus.*

Il y aurait cependant une exception à faire au moins sous le rapport de la servitude à imposer, relativement aux choses qui sont hors du commerce, par exemple, pour les routes royales ou départementales, les rues et les places publiques, les chemins vicinaux. Il est évident que les tribunaux ne pourraient autoriser un particulier à conduire à travers ces propriétés l'eau qu'il destinerait à la fertilisation de ses fonds ou dont il voudrait les débarrasser. Il n'appartiendrait qu'à l'autorité administrative d'accorder les autorisations nécessaires en prenant toutes les précautions pour que le service public n'eût pas à en souffrir, comme en permettant la construction d'aqueducs souterrains solidement établis et entièrement recouverts.

Les tribunaux n'auraient à cet égard aucune compétence, pas plus pour la fixation de la na ture des travaux et l'autorisation du passage que pour la liquidation de l'indemnité. L'administration ayant seule le droit d'accorder et de refuser, doit seule aussi déterminer les conditions auxquelles elle entend subordonner la concession ; elle seule d'ailleurs est apte à régler le mode à suivre pour conserver l'usage de la voie publique.

Comme on le remarque, c'est par exception au droit commun que la loi autorise à grever la propriété privée d'une servitude d'aqueduc. Son objet est spécial et limité ; cette servitude doit donc être restreinte au cas pour lequel elle est établie.

Il faut bien se garder d'étendre les termes dont le législateur s'est servi ; car la liberté est l'état naturel des héritages, l'assujettissement est l'exception. Or, indépendamment du titre de la loi qui ne parle que d'irrigations, l'art. 1er porte expressément que tout propriétaire qui voudra se servir *pour l'irrigation de ses pro-priétés.... pourra obtenir....;* il ne pourrait donc demander le passage des eaux pour tout autre usage, par exemple, pour faire mouvoir un moulin établi ou à établir, pour creuser un étang ou un réservoir destiné à la conservation du poisson, pour faire des bassins de pur agré-ment, des jets d'eau, même pour des usages domestiques; c'est uniquement à la fertilisation du sol, à l'augmentation de ses produits que le législateur a voulu pourvoir.

Toutefois, il ne serait pas interdit d'employer accessoirement les eaux à un autre usage, pourvu qu'il n'en résultât pas d'aggravation de la servitude.

Ainsi, on conçoit bien que le propriétaire qui aura obtenu l'autorisation de faire passer sur un ou plusieurs fonds intermédiaires l'eau destinée à arroser un héritage d'une certaine étendue, puisse faire bâtir un moulin sur la partie supérieure du canal qui lui appartient. Mais il ne pourra exécuter aucun travail spécial à cet objet sur le fonds servant, ni y faire refluer les eaux; il ne pourra en un mot aggraver en rien la servitude dont ce fonds est grevé.

Du reste, quand la loi a eu en vue l'irrigation des héritages pour l'augmentation des récoltes, elle n'a pas entendu restreindre la faculté qu'elle accorde à l'irrigation des prairies. Les jardins, les rizières, certains bois qui ont besoin du secours de l'eau et tous les produits qui peuvent être obtenus à l'aide de cet élément, ont également fait l'objet des prévisions du législateur.

Quoique la loi ne parle nominativement que du passage de l'eau, il est évident que celui qui est dans le cas de le réclamer a aussi le droit de demander un passage sur les bords pour surveiller le cours d'eau, y déposer les vases et autres matières provenant du curage et les matériaux destinés aux réparations du canal, et pour le passage de ses ouvriers, à la charge de ne laisser subsister le dépôt et de n'exercer le passage par lui et ses ouvriers que pendant le tems rigoureusement nécessaire. Il en est ici comme du cas où le droit d'aqueduc a été concédé par convention, sans que les parties se soient expliquées sur le mode d'exécution ou d'exercice de la servitude. Nous avons dit dans notre *Régime des Eaux*, n°ˢ 999 et suiv., que les tribunaux étaient appelés à régler ce mode d'après les principes généraux que nous venons d'analyser et qu'on trouve développés dans notre ouvrage.

Les tribunaux, en réglant le passage des eaux, détermineront aussi la largeur du passage sur les deux bords et l'étendue des autres facultés accessoires. Il est bien entendu que l'indemnité préalable à accorder au propriétaire du fonds grevé devra porter sur ces accessoires.

Le passage est accordé non-seulement à raison des eaux dont on est propriétaire, comme les sources, mais encore pour la conduite de toutes celles dont on a le droit de disposer, à un titre quelconque, pour l'irrigation de ses héritages. Ainsi, plusieurs hypothèses peuvent se présenter.

Le gouvernement autorise une prise d'eau dans une rivière navigable ou flottable, en faveur d'un non riverain, et le propriétaire ou les propriétaires du fonds ou des fonds intermédiaires ne consentent pas à laisser établir la conduite d'eau au travers de leurs fonds; alors il faudra bien recourir à l'autorité des tribunaux pour obtenir d'eux ce que le gouvernement n'a pu accorder, ce que les particuliers refusent.

Le propriétaire d'un étang, d'un réservoir d'eaux vives ou pluviales, d'un acqueduc, d'une source, accordera aussi une prise d'eau à un particulier séparé de ces divers objets par un fonds appartenant à un autre propriétaire; mais il sera nécessaire de traverser le fonds de celui-ci qui refusera son consentement; il faudra bien recourir à l'intervention des tribunaux.

Ou bien encore, ce sera le propriétaire d'une source, d'un aqueduc ou étang, d'un héritage situé le long de la voie publique sur laquelle coulent des eaux qui appartiennent, comme nous l'avons dit dans notre *Régime des Eaux*, n° 717 et suiv., au premier occupant, qui voudra conduire l'élément à un fonds situé au delà d'un héritage intermédiaire, et l'intervention de la justice sera encore indispensable.

Enfin, ce sera le riverain d'un ruisseau qui voudra conduire les eaux qui arrosent habituellement son fonds sur un autre héritage séparé du premier par une propriété plus ou moins considérable, ou céder son droit à un tiers ; il sera encore dans la nécessité d'obtenir de la justice le passage de l'eau par ce fonds intermédiaire.

Du reste, rien n'est changé quant aux droits et aux obligations sur les eaux. Ainsi, dans la dernière hypothèse que nous venons de présenter, le riverain ne pourra conduire à son fonds éloigné ou céder à un tiers que le volume d'eau qu'il employait à l'irrigation de son fonds riverain, à la charge de rendre l'eau à la sortie de cet héritage, comme le veut l'art. 644 du Code civil, et comme il le faisait précédemment ; car les riverains ont seuls droit à l'irrigation ainsi que nous l'avons expliqué dans notre *Régime des Eaux*, n°s 770 et suiv., et le mode d'exercice de ce droit est soumis à des conditions, à des règles qui subsistent toujours. La loi que nous commentons n'a pas eu pour but d'augmenter les droits des uns au détriment des autres ; elle a voulu au contraire laisser les choses dans la même situation et procurer seulement un moyen d'en tirer une plus grande utilité.

Tout cela a été parfaitement expliqué dans la discussion de la loi. Il a été également entendu que le propriétaire d'une source pourrait priver les fonds inférieurs de l'usage des eaux qui en découlent pour les diriger vers un autre héritage appartenant à lui ou à un tiers, à moins que ces fonds intermédiaires n'eussent acquis des droits par titre ou par prescription, comme nous l'avons dit dans notre *Régime des Eaux,* n°° 705 et suiv.

Ainsi, il pourra arriver que les héritages mêmes qui profitaient des eaux seront désormais privés de cet avantage, quoiqu'ils supportent la servitude de passage et toutes ses conséquences. A la vérité, les propriétaires auront droit à une indemnité dans laquelle toutefois on ne pourra faire entrer la privation des eaux, puisqu'ils n'y avaient aucun droit acquis.

Au surplus, le tribunal n'est pas absolument tenu d'accorder le passage demandé; ce n'est pas une obligation rigoureuse que la loi lui impose; c'est une faculté, c'est un pouvoir discrétionnaire qu'elle lui confie, et dont l'exercice est subordonné aux circonstances dont il est l'appréciateur. C'est ce qui résulte très-positivement du texte des art. 1 et 4, et de la discussion à la Chambre des députés. Le projet portait que le propriétaire pourrait *réclamer* le passage. La Chambre des députés y a substitué le mot *obtenir,* sur la demande de M. Pascalis, qui a dit, avec l'assentiment de l'assemblée, que c'était un pouvoir discrétionnaire qu'on entendait conférer aux tribunaux, et que les expressions : *le propriétaire pourra obtenir*, rendaient mieux la pensée de la Chambre.

Les tribunaux qui reconnaîtraient que dans la demande qui leur est adressée il y aurait plus de préjudice causé que d'avantages obtenus, pourraient donc refuser d'accorder le passage.

Ainsi, par exemple, qu'un propriétaire de source veuille détourner les eaux qui arrosaient de riches prairies ou faisaient mouvoir des usines, des manufactures importantes, pour les diriger vers une propriété plus éloignée et de peu de valeur ;

Qu'un particulier, en creusant le canal des eaux qu'il veut conduire à un autre fonds, puisse faire tarir des puits, des sources, porter atteinte à des établissemens thermaux (1), les tribunaux qui appréhenderont ces inconvéniens pourront sans nul doute refuser le passage.

---

(1) Il est de principe que tout propriétaire peut fouiller ou accorder à d'autres la faculté de fouiller, de creuser son fonds, d'y établir des canaux, bassins, aqueducs, quelque inconvénient qui en résulte pour les voisins. (*Voy.* notre *Régime des Eaux*, nᵒˢ 715, 741, 742, 745.)

La Cour de cassation a même étendu cette faculté au cas où les fouilles pourraient compromettre l'existence d'établisse-

La loi n'accordant qu'au propriétaire de l'héritage qu'il s'agit de fertiliser le droit d'obtenir

---

mens thermaux appartenant à l'Etat, et elle a refusé à l'autorité administrative, au maire de Vichy, le pouvoir de prendre des arrêtés pour interdire les fouilles. Son arrêt est du 15 avril 1844 ; il est ainsi conçu :

« Attendu que les art. 544 et 552 du Code civil donnent au propriétaire la faculté de faire des recherches et des fouilles sur son propre fonds, sauf les modifications résultant des lois et réglemens relatifs aux mines et des lois et réglemens de police ; — Attendu qu'aucune loi ne confie à l'autorité administrative, ni à l'autorité municipale, le pouvoir de faire des réglemens tendant à interdire les fouilles et recherches dans les terrains voisins des eaux minérales ; — Que si quelques décrets et anciens réglemens prohibent ces fouilles dans quelques localités, ils sont spécialement relatifs à certains établissemens autres que celui de Vichy ; — Rejette. »

Le Conseil-d'Etat avait, par arrêt du 30 juin 1843, rendu entre MM. Guibert et Gravier, consacré les mêmes principes ; en voici le texte :

« Louis-Philippe, etc. ; — Vu l'ordonn. du 18 juin 1823 ;

» Considérant qu'aux termes de l'art. 1er de l'ordonnance du 18 juin 1823, toute entreprise ayant pour objet de livrer ou d'administrer au public des eaux minérales naturelles ou artificielles demeure soumise à une autorisation préalable ; qu'aux termes de l'art. 2 de la même ordonnance il appartient à notre ministre de l'agriculture et du commerce de délivrer, sur l'avis des autorités locales, ladite autorisation, et qu'il ne peut la révoquer qu'en cas de résistance aux règles prescrites par l'ordonnance ou d'abus qui seraient de nature à compromettre la santé publique ;

» Considérant que par décision de notre ministre de l'agriculture et du commerce, en date du 14 avril 1838, le sieur Guibert a été autorisé à exploiter les eaux minérales par lui décou-

le passage des eaux à travers le fonds d'autrui,
nous pensons qu'elle le refuse en général au
fermier, au colon, à l'usager, même à l'usufrui-
tier, et que les tribunaux ne pourraient accueillir la demande qui serait formée par ces divers
particuliers sans la participation du propriétaire; ils sont obligés de jouir de la chose dans
l'état où elle est. Le propriétaire pourrait bien,
d'ailleurs, vouloir exiger le rétablissement de
l'ancien état à la fin de leur jouissance, et le possesseur du fonds assujetti ne peut être soumis à
toutes ces vicissitudes, à tous ces changemens
qui pourraient devenir fréquens et trop préjudiciables; quand la loi autorise une innovation,
c'est avec le caractère de fixité et de durée atta-
ché à l'établissement d'une servitude.

Il est, du reste, évident que le passage de l'eau

---

vertes dans sa propriété, sise commune de Gréoulx; qu'en
révoquant ladite autorisation, par arrêté en date du 27 octobre
1840, notredit ministre ne s'est fondé que sur ce que le sieur
Guibert aurait, dans son exploitation, commis des abus de nature à compromettre la santé publique; mais qu'il ne résulte
pas de l'instruction que le sieur Guibert ait, quant à présent,
commis des abus de cette nature; que dès lors c'est à tort que,
par son arrêté précité, notre ministre de l'agriculture et du
commerce a révoqué l'autorisation par lui accordée au sieur
Guibert:

» Art. 1er. L'arrêté de notre ministre de l'agriculture et du
commerce, en date du 27 octobre 1840, est annulé. Art. 2. Le
sieur Gravier est condamné aux dépens. »

ne pourrait être accordé avant l'existence du droit à la prise d'eau ou avant l'existence de l'eau elle-même.

Il n'en peut être en effet du droit conféré aux tribunaux comme de la liberté des conventions des parties. Nous avons établi, n°ˢ 968, 969 de notre *Régime des Eaux*, que le droit de prise d'eau ou d'aqueduc pouvait être concédé sur une source non encore découverte ; mais les tribunaux ne pourraient accorder le passage à raison d'une source, d'un puits artésien qu'on se proposerait de rechercher et de découvrir, ou de creuser, ou à raison d'une prise d'eau qu'on espérerait obtenir, soit de l'Etat, soit de particuliers. Le droit aux eaux doit être préexistant, non-seulement à l'établissement, mais encore à la concession. A quoi servirait, d'ailleurs, la concession, si l'eau n'était pas découverte ou la prise accordée, puisque jamais l'établissement du passage ne pourrait avoir lieu.

Les tribunaux ne pourraient évidemment se fonder sur l'illégalité d'une prise d'eau accordée par l'administration sur une rivière navigable ou flottable, une petite rivière, un ruisseau, pour refuser d'accorder le passage demandé ; car s'ils ont un pouvoir discrétionnaire pour accorder ou refuser le passage, c'est toutefois dans les limites de la légalité et par appréciation des circonstances qui se rattachent à l'état matériel des choses, à l'opportunité ; mais il ne leur est pas permis d'écarter la réclamation par une fin de non recevoir péremptoire qu'ils ne peuvent apprécier. Les actes de l'autorité administrative ne sont pas soumis à leur contrôle, à leur réformation ; c'est devant cette autorité elle-même qu'ils doivent être attaqués ; c'est par elle seule qu'ils peuvent être réformés.

Il en serait différemment si le droit sur les eaux dérivait. soit de conventions privées, soit de la prescription, comme si le propriétaire du fonds non riverain soutenait avoir acquis par l'un ou l'autre mode des droits sur une source, sur un étang, sur un aqueduc ou ruisseau (1).

La Cour de cassation l'a ainsi jugé par arrêt du 9 août 1843, conçu en ces termes :

« Attendu que le législateur, en réglant par les articles 644 et 645 du Code civil les cours d'eau qui bordent ou traversent les héritages,

---

(1) La Cour de cassation a décidé, par arrêt du 26 fév. 1844, que des non riverains pouvaient acquérir, au détriment des inférieurs, un droit de prise d'eau sur un ruisseau par un canal artificiel existant depuis un tems suffisant à prescrire. Cette décision est d'autant plus remarquable qu'elle est rendue entre deux communes ou sections de communes, et que les habitans de la partie supérieure du ruisseau ne pouvaient invoquer des ouvrages faits ni sur leurs fonds ni sur ceux des inférieurs ; mais cet arrêt, qui consacre les principes par nous émis *Régime*

n'a porté aucune atteinte aux droits déjà légalement acquis sur ces mêmes cours d'eau, en vertu de titres particuliers ;

» Attendu que l'arrêt attaqué, appréciant les titres produits par les parties, a jugé que ceux de Cavalier lui donnaient des droits à l'usage des eaux du Val de Font-Fassot pour l'irrigation des propriétés désignées dans ces titres ; que Drulhon avait perdu ceux qu'il réclamait par le non usage pendant trente ans, et qu'Amat n'en avait acquis aucun par une possession suffisante ;

» Attendu qu'il importe peu que les titres de Cavalier aient émané de l'ancien seigneur ; que, sous l'empire de la législation féodale, la propriété des petites rivières non navigables appartenait aux ci-devant seigneurs, et que les lois abolitives de la féodalité n'ont pu porter atteinte aux droits antérieurement acquis en vertu et sous l'empire des lois existantes ; d'où il suit que

---

des Eaux, t. III, n° 781, est fondé sur la considération que le canal détournait une partie des eaux communes entre tous les riverains, et qu'on pouvait dire qu'il était exécuté sur une chose appartenant en partie aux inférieurs.

Du reste, la décision n'aurait pu être la même si le débat se fût élevé entre les possesseurs du canal et des propriétaires supérieurs du ruisseau. Les possesseurs de ce canal n'auraient pu opposer leur moyen de prescription aux propriétaires supérieurs pour les empêcher d'user des eaux, lors même qu'ils ne s'en fussent jamais servis.

la Cour royale, qui, adoptant les motifs des premiers juges, a condamné Amat et Drulhon à détruire leurs prises sur le Val de Font-Fassot, et leur a fait défense d'user de ses eaux, n'a violé aucune loi. »

Le propriétaire de l'héritage qu'on voudrait grever du passage serait recevable à contester l'existence du droit, et les tribunaux auraient le pouvoir et le devoir de statuer sur ce débat préalablement à la fixation du passage, sauf à ordonner la mise en cause de celui dont le réclamant prétendrait tenir sa prise d'eau.

La loi exige le paiement d'une juste et préalable indemnité, c'est-à-dire qu'avant de pouvoir commencer les travaux d'établissement de l'aqueduc, le propriétaire qui en a obtenu l'autorisation devra non-seulement avoir fait liquider *l'indemnité*, mais encore en avoir acquitté le montant.

Cette indemnité devra être principalement proportionnée au préjudice causé au propriétaire du fonds servant. Le bénéfice ou l'avantage que pourra retirer de la servitude le propriétaire du fonds dominant ne devra être qu'une considération secondaire.

L'indemnité doit toujours consister dans le paiement d'un capital mis immédiatement à la disposition du propriétaire du fonds assujetti.

Elle ne pourrait consister dans la création d'une rente perpétuelle ou viagère à son profit. On ne pourrait ajourner le paiement du capital pendant plusieurs années, même à la condition de servir les intérêts jusqu'au remboursement. Il suffirait, sans doute, pour le décider ainsi, de faire attention que l'indemnité doit être *préalable*, et que plusieurs arrêts de la Cour de cassation, notamment ceux des 3 et 19 juillet 1843, 2 janvier 1844, rapportés par Villeneuve, Dalloz et le *Journal du Palais*, ont jugé en matière d'expropriation pour cause d'utilité publique, où l'indemnité doit être aussi préalable, qu'elle devait toujours consister en une somme capitale mise immédiatement à la disposition du propriétaire.

Mais si nous voulions pousser plus loin la démonstration, il nous serait facile d'établir que, même en faisant abstraction de cette expression *préalable*, l'indemnité, comme pour le passage au cas d'enclave résultant de l'art. 682, qui n'emploie pas cette expression, doit toujours consister dans une somme capitale immédiatement soldée.

En effet, le propriétaire du fonds nouvellement assujetti avait à sa disposition, avant l'établissement de la servitude, une valeur foncière qui se trouve nécessairement atteinte et diminuée par cet établissement. Son immeuble, qui valait 20,000 fr., peut bien n'en plus valoir que 15,000. S'il veut le vendre, il n'en retirera que ce prix, et il ne pourra, s'il le conserve, l'hypothéquer que jusqu'à cette valeur ; le fonds dominant acquerra au contraire une augmentation de valeur capitale, puisque son propriétaire pourra l'hypothéquer ou le vendre pour une somme plus considérable.

L'indemnité ne serait donc pas *juste*, ne serait pas l'équivalent, la représentation complète, entière, de la perte, du dommage éprouvé, si elle se réduisait à une rente perpétuelle ou viagère, à un placement de fonds à intérêt que nul n'est tenu de constituer malgré lui et qui est contraire au système général du législateur, qui n'a pas voulu favoriser l'amortissement des capitaux, mais a eu l'intention de laisser aux propriétaires la libre disposition de leurs divers biens.

Quoique les tribunaux aient un pouvoir discrétionnaire pour accorder ou refuser le passage, suivant les circonstances de fait et de localité, il n'en faut pas conclure que leurs jugemens soient sans appel. Le principe général des deux degrés de juridiction, en matière civile, consacré par la loi du 1er mai 1790, conserve toujours son empire et s'applique à cette matière comme a toutes les autres, dès que la loi spéciale ne renferme pas d'exception contraire.

Sont exceptés de la servitude, dit le 2ᵉ § de l'art. 1ᵉʳ, les maisons, cours, jardins, parcs et enclos attenant aux habitations.

Comme on le remarque, la loi n'excepte pas *tous les bâtimens* sans distinction, et de la dénomination de *maison* qu'elle emploie on pourrait vouloir conclure qu'elle a entendu parler des seuls bâtimens destinés à l'habitation, à la demeure des hommes ; mais nous ne pensons pas qu'on puisse donner à la loi un sens aussi restreint ; son intention nous paraît avoir été d'excepter tous les lieux bâtis. Nous comprendrions difficilement qu'elle eût voulu assujettir à la servitude une riche manufacture, même des magasins, celliers, granges ou écuries, et les faire traverser par des canaux, même couverts ou souterrains. N'a-t-on pas, d'ailleurs, dans l'usage, toujours distingué *les maisons d'habitation* de celles qui ont une destination différente ? Comment pourrait-on admettre des étrangers à s'introduire pour ainsi dire à volonté dans des bâtimens, afin de surveiller l'aqueduc, d'y faire les travaux d'entretien, de réparation nécessaires ?

Quant aux cours, jardins, parcs et enclos, ils ne sont exempts de la servitude qu'autant qu'ils tiennent à l'habitation, parce qu'alors ils en sont un accessoire inséparable, ils en font partie, et que l'intention du législateur a été, avant tout, que le foyer domestique fût respecté.

Du reste, il n'est pas nécessaire pour que les jardins, cours et parcs profitent de l'exemption légale, qu'ils soient clos; il suffit qu'ils dépendent de l'habitation, tandis qu'une autre espèce de fonds qui ne serait ni jardin, ni cour, ni parc, ne pourrait rentrer dans l'exception qu'autant qu'il réunirait les deux conditions d'être en état de clôture et de tenir à l'habitation.

Il y a des terres labourables, des prés qui tiennent aux habitations sans être clos, et certes ces fonds pourraient être assujettis à la servitude.

Il suffirait que les terrains fussent en nature de jardins, de parcs, de cours, de clos, au moment où l'on voudrait les grever, pour que les juges ne pussent accorder le passage, lors même qu'ils eussent été récemment mis en cet état, à moins qu'il ne fût reconnu que cette innovation récente n'a eu pour but que d'échapper à l'application de la loi; ce serait alors une fraude que les tribunaux devraient déjouer.

Il n'est pas facile d'être bien fixé sur ce qu'on doit entendre par enclos.

La loi du 30 avril 1790 sur la chasse, appelle terrains clos ceux qui sont fermés par des murs ou haies. Celle du 6 octobre 1791 sur la police rurale, art. 6, section 4, titre 1er, traitant de la clôture qui affranchit de la vaine pâture, s'exprime ainsi :

« L'héritage sera réputé clos lorsqu'il sera entouré d'un mur de 4 pieds de hauteur, avec barrière ou porte, ou lorsqu'il sera exactement fermé et entouré de palissades ou treillages, ou d'une haie vive, ou d'une haie sèche faite avec des pieux, cordelée avec des branches, ou de toute autre manière de faire des haies en usage dans chaque localité; ou enfin d'un fossé de 4 pieds de large au moins à l'ouverture, et de 2 pieds de profondeur. »

Les art. 391 et 392 du Code pénal sont ainsi conçus :

391. « Est réputé *parc* ou *enclos* tout terrain environné de fossés, de pieux, de claies, de planches, de haies vives ou sèches, ou de murs, de quelque espèce de matériaux que ce soit; quelles que soient la hauteur, la profondeur, la vétusté, la dégradation de ces diverses clôtures, quand il n'y aurait pas de portes fermant à clé ou autrement, ou quand la porte serait à claire-voie et ouverte habituellement. »

392. « Les parcs mobiles destinés à contenir du bétail dans la campagne, de quelque matière qu'ils soient faits, sont aussi réputés enclos; et

lorsqu'ils tiennent aux cabanes mobiles ou autres abris destinés aux gardiens, ils sont réputés dépendans de maison habitée. »

Toutefois, nous ne pouvons voir dans toutes ces lois que des indications propres à guider les juges, mais non des règles absolues auxquelles ils soient tenus d'obéir. Les tribunaux auront donc sur ce point, comme sur le fait de savoir s'il s'agit d'un jardin, d'un parc, d'une cour, et s'ils sont attenans à l'habitation, une certaine latitude d'appréciation que le législateur ne pouvait se dispenser de leur laisser. Ils auront à consulter les circonstances de localité et les usages du pays.

Nous pensons que le propriétaire du fonds asservi aurait dans le canal qui le traverserait un droit de puisage, de lavage, d'abreuvage des bestiaux, pourvu qu'il ne résultât de son exercice aucun préjudice, aucun trouble dans l'usage de la servitude, et que le tribunal ou le contrat, en accordant le passage des eaux, n'aient pas interdit cette faculté.

Nous ferons remarquer, en terminant, que la liquidation et le paiement d'une indemnité avant l'exercice du droit de passage ne ferait pas obstacle au supplément qui pourrait être dû pour des torts et dommages survenus postérieurement et qui n'auraient pas été prévus. -

ARTICLE 2.

« Les propriétaires des fonds inférieurs devront recevoir les eaux qui s'écouleront des terrains ainsi arrosés, sauf l'indemnité qui pourra leur être due.

» Seront également exceptés de cette servitude, les maisons, cours, jardins, parcs et enclos attenans aux habitations. »

Il ne suffisait pas de dériver les eaux en obtenant leur passage sur un fonds intermédiaire, il fallait aussi s'en débarrasser après s'en être servi, en leur procurant un écoulement vers le lit qui doit les recueillir. Pour cela un nouveau passage sur des propriétés voisines était nécessaire, et le législateur y a pourvu.

Il semblerait, au premier aperçu, que les fonds qui doivent être grevés de ce passage secondaire sont exclusivement ceux vers lesquels la pente du sol indique la direction que doivent prendre les eaux à la sortie du fonds qui a été arrosé; mais outre qu'il n'est pas toujours facile de reconnaître exactement cette pente et cette direction, il ne faut pas oublier qu'il ne s'agit point ici d'une servitude naturelle et qu'il peut arriver que les fonds considérés comme inférieurs soient tellement précieux ou présentent des difficultés tellement graves pour l'exécution des travaux, que l'équité commande d'imposer la charge à d'autres fonds. Il n'y aurait pas en effet à hésiter dans ce cas à prendre ce dernier parti. Les juges y seraient incontestablement autorisés par les dispositions générales de l'art. 4, qui leur confèrent le pouvoir de régler la fixation du parcours de la conduite d'eau, en leur recommandant de concilier l'intérêt de l'opération avec le respect dû à la propriété.

Il y a cependant un cas où les tribunaux ne pourront user complètement de cette latitude; c'est celui où un riverain voudra faire profiter un héritage éloigné du volume d'eau qu'il employait à l'irrigation du fonds touchant immédiatement au ruisseau ou petite rivière; il est tenu, aux termes de l'art. 644, de rendre les eaux dérivées à leur cours ordinaire à la sortie de ce fonds, et de manière à ce qu'il n'y ait rien de changé pour les riverains opposés ou inférieurs; mais, sauf ce point important, les juges auront toute latitude pour déterminer le parcours, son emplacement et sa direction sur telle ou telle partie des héritages intermédiaires.

La loi ne répète pas ici que l'indemnité du passage secondaire doit être préalable; mais il est évident qu'elle doit l'être comme dans le cas de l'art. 1ᵉʳ. Les motifs sont en effet les mêmes, et puisque la Charte et le Code civil, en permettant de s'emparer de la propriété pour cause d'utilité publique, exigent le paiement d'une juste et préalable indemnité, c'est bien le moins qu'on impose la même obligation à celui qui jouit d'un si grand avantage dans son intérêt privé.

Nous n'avons donc pas à entrer sur cet art. 2 dans des explications étendues ; la plupart des observations que nous avons faites sur l'article précédent s'appliquent tout naturellement à celui-ci.

Toutefois, nous répéterons ce que nous avons déjà dit, que si de nouveaux dommages, de nouveaux préjudices indépendans de ceux qui ont été prévus lors de la fixation de l'indemnité venaient à se manifester par suite de l'exercice de la servitude, il y aurait lieu à un supplément d'indemnité en faveur du propriétaire du fonds assujetti ; à plus forte raison il y aurait lieu d'indemniser des tiers du préjudice qui leur serait causé, par exemple, des infiltrations qui répandraient les eaux dans leurs caves, dans leurs maisons ou dans leurs autres propriétés.

ARTICLE 3.

« La même faculté de passage sur les fonds intermédiaires pourra être accordée au propriétaire d'un terrain submergé en tout ou en partie, à l'effet de procurer aux *eaux nuisibles* leur écoulement. »

Dans cet article, il n'est plus question d'irrigation. Sa disposition s'écarte donc, comme nous l'avons déjà fait remarquer, du but que s'était originairement proposé l'auteur du projet. Le rapporteur de la commission s'était opposé à l'introduction de cet article dans la loi, en faisant observer que celle du 16 septembre 1807 sur le desséchement des marais avait suffisamment pourvu à ce qu'on demandait.

Mais cette dernière semble ne devoir s'appliquer qu'au cas où il s'agit d'une vaste opération, de dessécher des terrains marécageux d'une grande étendue, c'est-à-dire de pourvoir à un objet d'intérêt public et de salubrité générale ; elle exige d'ailleurs des formes longues, multipliées et dispendieuses qu'il eût été fâcheux d'appliquer au cas que l'art. 3 a particulièrement en vue.

Il n'est fait mention que d'un terrain sub-merge en tout ou en partie. Un terrain *sub-merge*, d'après le *Dictionnaire de l'Académie*, est un terrain inondé, couvert d'eau.

Suffira-t-il, pour donner lieu à l'application de la loi, que la submersion ait lieu pendant une partie de l'année? Faudra-t-il, au contraire, qu'elle soit permanente? Nous croyons qu'il n'est pas nécessaire qu'elle soit continuelle, et qu'il suffira qu'elle couvre une partie de terrain, quelle que soit sa nature et l'espèce de ses produits, qu'il soit en friche, en jardin, en pré, marais ou en bois.

Mais si la submersion était rare et ne se reproduisait qu'à de longs intervalles, si elle n'affectait qu'une très-petite partie de terrain, une propriété sans valeur ou peu précieuse, les tribunaux qui à cet égard ont, aux termes de l'art. 4, une grande latitude, un véritable pouvoir discrétionnaire, pourraient refuser d'accorder le passage en prenant en considération que la servitude serait beaucoup plus onéreuse au fonds qu'il s'agirait d'y assujettir que profitable au propriétaire de l'autre héritage.

La submersion dont il s'agit ici est celle qui provient d'une cause naturelle, de la chute des pluies, de la fonte des neiges ou des glaces, de l'écoulement des eaux de source, du débordement des rivières navigables, flottables ou au-

tres, des torrens, etc..., mais non du consentement du propriétaire de l'héritage inondé ou du
fait purement volontaire d'un tiers ; car il ne
pourrait se faire un titre, pour imposer une
charge à autrui, d'une situation à laquelle il se serait soumis, et il devrait agir pour faire réprimer
la voie de fait qui lui causerait du dommage.

La loi ne parlant que de terrain submergé en
tout ou en partie, il serait bien difficile d'en étendre les dispositions aux *bâtimens*. On peut con-
cevoir que, d'après les dispositions des lieux, le
toit ou les étages supérieurs soient quelquefois
gravement incommodés par les eaux sans que
le sol ou terrain sur lequel le bâtiment est cons-
truit soit atteint.

D'autres fois, il pourra arriver que la partie
inférieure, le rez-de-chaussée du bâtiment sera
atteint par les eaux, et alors la disposition légale
deviendra applicable.

Quoique l'art. 3 garde le silence sur la nécessité de payer une indemnité pour ce passage
comme pour celui prévu et exigé par les deux
articles précédens, ainsi que sur l'exception en
faveur des maisons, jardins, etc., le droit à un
dédommagement proportionné au dommage qui
résultera de cette servitude nouvelle, et l'exception dont nous venons de parler, ne sauraient
être sérieusement contestés ; la loi dit en effet

que la même faculté de passage pourra être accordée, c'est-à-dire que le législateur a voulu assimiler complètement le cas prévu par l'art. 3 à ceux énoncés dans les articles précédens et les soumettre tous aux mêmes conditions ; les motifs sont les mêmes dans tous les cas ; et d'ailleurs, l'art 4, en disposant d'une manière générale que les contestations auxquelles pourront donner lieu les indemnités dues, soit au propriétaire du fonds traversé, soit à celui du fonds qui recevra l'écoulement des eaux, seront portées, etc., nous paraît trancher la question d'une manière irrécusable.

Les mêmes facultés accessoires que nous avons indiquées en expliquant les art. 1er et 2e doivent appartenir, dans le cas prévu par l'art. 3, soit au propriétaire du fonds dominant, soit au propriétaire du fonds assujetti. Nous renvoyons à ce que nous avons dit à cet égard dans notre commentaire de ces deux premiers articles.

ARTICLE 4.

« Les contestations auxquelles peuvent donner lieu l'établissement de la servitude, la fixation du parcours de la conduite d'eau, de ses dimensions et de sa forme, et les indemnités dues, soit au propriétaire du fonds traversé, soit à celui du fonds qui recevra l'écoulement des eaux, seront portées devant les tribunaux, qui, en prononçant, devront concilier l'intérêt de l'opération avec le respect dû à la propriété.

» Il sera procédé devant les tribunaux comme en matière sommaire, et s'il y a lieu à expertise, il pourra n'être nommé qu'un seul expert. »

Cette disposition, qui n'a pas passé sans opposition de la part de M. le ministre des travaux publics, rend hommage au grand principe qui met la propriété sous la protection des tribunaux. Ce ministre avait prétendu qu'elle était une atteinte grave portée au pouvoir administratif; mais il lui fut répondu par l'art. 5 et dernier, qui laisse subsister entièrement ce pouvoir, bien distinct de celui confié à l'autorité judiciaire, par application des règles du droit commun.

Aux tribunaux appartient donc le jugement des contestations que pourront faire naitre les dispositions des trois premiers articles. Ils décideront si la servitude est nécessaire ou inutile, dans quelle direction ou dans quel emplacement elle doit être établie, quelle sera sa largeur et sa profondeur, si elle sera découverte ou fermée, garnie de pierres, briques, maçonnerie, ou si elle doit consister en un simple fossé creusé en terre, en des tuyaux élevés au dessus du sol ou appliqués à la surface. Cela confirme ce que nous avons dit dans notre *Régime des Eaux*, n° 1004, 1005 et 1006.

Le juge n'est pas tenu d'établir le passage sur l'héritage le plus voisin du fonds dominant, ou sur celui que la pente semble le plus naturellement désigner. La loi s'en rapporte à sa prudence du soin de concilier tous les intérêts.

Les tribunaux ne doivent exiger des particuliers l'accomplissement d'aucune des formes prescrites par la loi du 3 mai 1841 ; ainsi, ni la déclaration préalable d'utilité par l'autorité administrative, ni le jugement d'expropriation, ni l'intervention d'un jury pour la liquidation de l'indemnité, ne doivent avoir lieu en cette matière, bien différente de celle qui fait l'objet de la loi précitée.

Il est sensible que si les parties se sont réglées amiablement, la justice n'a plus à intervenir, à moins qu'il ne s'élève des contestations sur les conventions qu'elles ont faites ou qu'elles n'aient omis de s'expliquer sur quelques points indispensables à l'usage de la servitude.

La loi a voulu éviter les lenteurs et les frais dans une matière qui, de sa nature, en entraînerait de fort considérables ; en conséquence, il

doit être procédé comme en matière sommaire,
c'est-à-dire, qu'aux termes de l'art. 405 du Code
de procédure civile, la cause doit être jugée à
l'audience, après les délais de la citation échus,
sur un simple acte, sans autres procédures ni
formalités.

Mais de là il ne faudrait pas conclure que les
parties fussent dispensées du préliminaire de
conciliation. La loi ne dit rien de semblable.
L'art. 48 du Code de procédure y soumet toute
demande principale. Les affaires sommaires y
sont assujetties comme les autres quand elles ne
requièrent pas célérité ; et, dans une cause de
cette nature, il semble que l'intervention du
juge de paix puisse être fort utile par la connaissance qu'il a des lieux et des parties et la légi-
time influence qu'il exerce sur ses justiciables,
qu'il peut plus que tout autre parvenir à concilier.

Les tribunaux ont dans cette matière les mêmes moyens de s'éclairer que dans toutes les
autres ; ils sont maîtres d'en user ou de s'en abstenir et de choisir celui qui leur paraît préférable. Aucune entrave n'est apportée à l'exercice
de leur pouvoir discrétionnaire ; ils ne sont pas
même tenus d'ordonner d'expertise ; et, quand
ils jugent à propos d'y recourir, ils peuvent ne
nommer qu'un seul expert ; encore ne sont-ils

pas tenus de suivre son avis quand leur conviction s'y oppose. (Art. 323, Code de proc.)

Les tribunaux en prononçant doivent concilier l'intérêt de l'opération, c'est-à-dire de l'établissement du passage des eaux, de leur écoulement ultérieur et de l'exonération des fonds submergés, avec le respect dû à la propriété, c'est-à-dire avec celui du propriétaire du fonds asservi. Ils peuvent donc, comme nous l'avons déjà dit, refuser le passage, et lorsqu'ils jugent à propos de l'accorder, ils doivent le rendre le moins dommageable possible pour le propriétaire du fonds assujetti, le restreindre à ce qui est réellement et rigoureusement nécessaire. Il s'agit d'une conciliation, d'une composition. Il faut sans doute qu'il y ait des sacrifices des deux côtés ; mais il ne faut pas oublier que la propriété doit toujours être environnée d'une faveur particulière.

Nous avons établi dans notre *Régime des Eaux*, et la Cour de cassation a décidé, par un arrêt fort remarquable du 21 août 1844, rendu dans l'affaire des héritiers Baric contre Combes et de Pins, que les tribunaux avaient le droit de faire le réglement, la répartition des eaux entre les riverains sans que le propriétaire du fonds supérieur pût invoquer un droit particulier ou plus étendu que les propriétaires des fonds inférieurs, ni prendre les eaux à sa volonté, et prétendre n'être tenu de rendre que les eaux qu'il lui convient de laisser (1) ; que, dans ce réglement, il pouvait y avoir lieu à fixer les dimensions de la prise d'eau , les tems et durée d'arrosage. Or, ce pouvoir ne leur est pas retiré par la nouvelle loi ; quoiqu'elle garde le silence sur ce dernier point, et que, dans le cours de la discussion à la Chambre des députés, M. le ministre des travaux publics ait insisté pour le

---

(1) Cet arrêt est ainsi conçu :

« La Cour ; — Vu les art. 644 et 645 du Code civil ;

» Attendu que l'eau courante est mise par la loi au nombre des choses communes ;

» Attendu que les propriétaires riverains d'un cours d'eau ont un droit égal à l'usage des eaux, quoiqu'ils n'exercent pas ce droit simultanément ; — Que si , par l'avantage de sa position topographique, le propriétaire du fonds supérieur exerce son droit avant les propriétaires des fonds inférieurs, il n'en est pas moins tenu , après s'être servi des eaux pour son usage , dans l'intérêt de l'agriculture et de son industrie, de les rendre à leur lit ordinaire, afin que les propriétaires des fonds inférieurs puissent en user à leur tour ; — Que si, lorsque le propriétaire du fonds supérieur possède à la fois les deux rives, son droit est plus étendu, s'il peut alors détourner le lit du cours d'eau dans l'étendue de son domaine, et dériver les eaux pour en user, c'est toujours à la charge de rétablir ce lit, et de rendre ces eaux à leur cours ordinaire, à la sortie de ses propriétés ; — Que si ce propriétaire ne saurait être tenu de rendre la même quantité d'eau qu'il a reçue, ou une certaine quantité d'eau déterminée, il reste tenu de n'user de son droit que de manière

maintien en faveur de l'administration du pouvoir de régler les prises d'eau, les tribunaux n'en ont pas moins le droit et même le devoir, en cas de contestation, de déterminer les dimensions de ces dérivations, pour le cas où un riverain voudrait conduire à une propriété éloignée le volume d'eau afférent à son fonds riverain. La loi, comme nous l'avons déjà plusieurs fois fait

---

à ménager, dans une juste mesure, aux propriétaires des fonds inférieurs l'exercice de leurs droits sur les eaux ;

» Attendu qu'il n'est pas exact de dire, comme le fait l'arrêt attaqué, qu'il n'y a lieu à destruction des ouvrages pratiqués par les propriétaires supérieurs que lorsqu'ils les ont fait méchamment et sans aucune utilité pour eux ; ni que le propriétaire inférieur ne peut demander contre le propriétaire supérieur un réglement d'eau, à moins de titre qui établisse ce droit, ou de destination de père de famille qui le consacre ; ni enfin que l'art. 645 devrait tout au plus avoir seulement pour résultat de faire réprimer l'abus que le propriétaire supérieur ferait du droit établi par l'art. 644 ;

» Attendu que lorsqu'il y a contestation entre les propriétaires sur l'usage commun et successif des eaux d'un cours d'eau, il y a obligation pour les tribunaux de concilier l'intérêt de l'agriculture avec le respect dû à la propriété, en procédant au réglement de l'usage des eaux, lorsque ce réglement est réclamé par les parties et reconnu nécessaire par les juges pour assurer à tous ceux qui ont droit, dans une juste mesure et proportionnellement à leurs positions respectives, l'usage des eaux du courant qui traverse ou qui borde leurs propriétés ;

» D'où il suit que l'arrêt attaqué a expressément violé les lois précitées ; — Casse. »

Villeneuve, Dalloz et le *Journal du Palais*, année 1844.

observer, consacre le maintien du *statu quo* tant pour les tribunaux que pour l'administration. Toutefois, nous ne devons pas dissimuler qu'il y a quelque inconvénient à s'adresser aux tribunaux pour la fixation de la prise d'eau bien distincte de la fixation du parcours; car l'autorité administrative, n'étant pas liée par les mesures que prend l'autorité judiciaire, pourrait, en prescrivant des dispositions toutes différentes, rendre inutiles des dépenses assez considérables et causer un grave dommage aux particuliers.

Lorsque ceux-ci auront à redouter cet inconvénient, ils feront prudemment de commencer par obtenir de l'administration la fixation de la prise d'eau, afin qu'il ne puisse plus intervenir de changemens préjudiciables à leurs intérêts.

Comme on le remarque, ce n'est pas de la loi du 29 avril 1845, c'est de l'art. 645 du Code civil que les tribunaux tiennent le pouvoir de faire la répartition et le réglement des eaux; il est sensible, par conséquent, qu'ils ne le pourraient pas si des riverains avaient cédé les droits qui résultent pour eux de l'art. 644, ou l'avaient laissé perdre par la prescription (1).

---

(1) Arrêts de la Cour de cassation des 9 août 1843 et 26 février 1844, rapportés par Villeneuve, Dalloz et le *Journal du Palais*.

Ils ne pourraient autoriser des dérivations d'eaux navigables ou flottables, d'étangs, d'aqueducs et autres eaux privées, puisque la loi nouvelle ne les autorise qu'à accorder un passage qui suppose la préexistence du droit de prise d'eau.

ARTICLE 5.

« Il n'est aucunement dérogé par les présentes dispositions aux lois qui règlent *la police des eaux.* »

Cet article n'a pas besoin de commentaire et ne peut donner lieu à aucune difficulté sérieuse. Le pouvoir de l'administration, son droit de police et de réglement des eaux navigables et flottables et autres, est maintenu tel qu'il existait antérieurement.

Aucune atteinte, aucune innovation n'y sont apportées. On peut voir ce que nous en disons dans notre *Régime des Eaux.*

Ainsi, l'administration a toujours le pouvoir de faire des réglemens généraux ou particuliers, de prendre toutes les mesures qu'elle juge convenables sur le cours et l'usage des eaux destinées à l'irrigation des propriétés, au mouvement des usines, nonobstant tous titres privés, jugemens, ventes nationales ou possession. C'est à elle d'autoriser les établissemens nouveaux, de déterminer la force motrice, les dimensions des vannes, etc.

Mais alors même qu'il s'élèverait des débats entre propriétaires d'usines, s'il ne s'agissait que d'intérêts privés, les tribunaux seraient compétens à l'exclusion de l'autorité administrative. Nous en trouvons deux exemples récens et très-remarquables dans la jurisprudence du Conseil-d'Etat.

Nous voulons parler de deux ordonnances royales des 22 et 28 août 1844.

Voici l'espèce de la première :

Le sieur Bourdon, propriétaire d'un moulin sur la petite Veyle, a cité devant le tribunal civil de Bourg (Ain) le sieur Ratton, propriétaire d'un moulin sur la grande Veyle, et le sieur de Parseval, propriétaire du château de Pont-de-Veyle, en se plaignant que, par leur fait, une quantité d'eau surabondante dans les crues de la grande Veyle était rejetée dans la petite et entravait la marche de son moulin.

Le sieur Bourdon fondait sa plainte sur ce qu'autrefois le château et les deux moulins ne formaient qu'une seule propriété ; que, lors de la vente et de la séparation de ses immeubles, outre la cascade du parc qui sert de déversoir au moulin du sieur Ratton, il existait audit moulin deux vannes de fond destinées à l'écoulement des eaux dans les crues de la grande Veyle, et que c'est dans cet état de choses que lui, Bourdon, avait acheté le second moulin situé sur la petite Veyle.

Or, depuis cette époque, disait-il, la cascade du déversoir avait été plus que doublée en largeur. D'un autre côté, le sieur Ratton a détruit la principale de ses vannes de fond pour y établir un tournant, et il tient la seconde vanne constamment fermée ; d'où il suit que le cours d'eau de la rivière est complètement changé, les eaux qui devaient s'écouler dans la grande Veyle venant refluer dans la cascade ou déversoir, et là prendre leur passage dans la petite Veyle.

Le sieur Bourdon demandait, en conséquence : 1° Des dommages-intérêts pour le préjudice à lui causé ; 2° le rétablissement de l'ancien état de choses, c'est-à-dire l'écoulement des eaux dans la grande Veyle par les deux vannes du sieur Ratton, et la réduction de la cascade du sieur de Parseval.

Sur cette instance, le préfet de l'Ain a adressé un mémoire au tribunal pour revendiquer la partie de la cause relative au rétablissement de l'ancien état des lieux, se fondant sur les lois de 1790 et 1791, et annonçant en même tems que l'administration s'occupait du réglement des eaux de la Veyle, dans lequel se trouvait nécessairement compris le moulin du sieur Ratton et le déversoir du sieur de Parseval.

Par jugement du 16 mai 1844, le tribunal s'est déclaré compétent. — Conflit.

« LOUIS-PHILIPPE;

» Vu les lois des 20 août 1790 et 6 octobre 1791, et l'arrêté du 19 ventose an VI; vu les ordonnances royales des 1er juin 1828 et 12 mars 1831;

» Considérant que la demande du sieur Bourdon ne tend qu'à faire statuer sur un débat élevé entre des intérêts privés, et à obtenir contre les sieurs Ratton et de Parseval le rétablissement des lieux, tels qu'il prétend qu'ils auraient existé précédemment; — Qu'il n'apparait pas qu'aucun acte de l'autorité publique ait encore pourvu au réglement des eaux de la Veyle; — Que la décision à intervenir sur la demande du sieur Bourdon ne fera aucun obstacle aux mesures que l'administration pourra ordonner ultérieurement dans l'intérêt général;

» Art. 1er. Est annulé l'arrêté de conflit pris par le préfet de l'Ain, le 28 mai 1844. »

2e ESPÈCE. Le sieur Bellême, locataire d'une filature, sise sur la rivière de l'Iton, a fait, du consentement du sieur Doucerain, propriétaire de l'usine, élargir une vanne d'irrigation qui se trouvait en aval, à l'effet, disait-il, de donner un plus grand débouché aux eaux. Ces travaux ont été approuvés par le préfet de l'Eure.

Avant l'arrêté d'autorisation, le sieur de Champigny, propriétaire d'un château voisin, se plaignant que ces travaux diminuaient l'importance d'une prise d'eau qu'il exerçait au dessus du même vannage, avait saisi les tribunaux d'une demande tendant à en obtenir la suppression et à des dommages-intérêts.

L'autorisation administrative étant intervenue, le tribunal d'Evreux, par jugement du 5 juillet 1843, s'est déclaré incompétent pour statuer sur la demande en suppression des ouvrages, et a retenu la demande en paiement de dommages-intérêts.

Sur l'appel porté devant la cour royale de Rouen, le préfet a fait proposer le déclinatoire, que la Cour a rejeté par le motif suivant :

« Que la contestation, *au point où elle se trouvait aujourd'hui réduite,* ne portait plus que sur le dommage causé à la maçonnerie de la vanne dite des Quatre-Faces, et sur le préjudice qu'aurait éprouvé le marquis de Champigny, par suite des travaux faits dans la rivière de l'Iton. »

Conflit.

« Louis-Philippe, etc.

» Vu les lois des 12-29 août 1770, 6 octobre 1791, 14 floréal an II, 16-24 août 1792, 16 fructidor an III ;

» Vu les ordonnances royales des 1ᵉʳ juin 1828 et 12 mars 1831 ;

» Considérant que l'action pendante devant notre Cour de Rouen, entre les sieurs de Champigny, Bellême et Doucerain, a pour objet d'obtenir : 1° la suppression des travaux exécutés dans la rivière d'Iton par les sieurs Bellême et Doucerain, et le rétablissement des lieux en leur ancien état ; 2° des dommages-intérêts pour la dégradation causée à la maçonnerie de la vanne dite des Quatre-Faces, et pour la privation des eaux dont le sieur Champigny avait la jouissance en vertu de titres anciens ; — Que le tribunal civil d'Evreux et notre Cour de Rouen se sont déclarés incompétens pour prononcer la destruction des travaux, attendu qu'ils auraient été autorisés postérieurement à leur exécution par un arrêté du préfet de l'Eure, en date du 12 décembre 1842 ;

» Considérant que les travaux dont il s'agit ont été exécutés par les sieurs Bellême et Doucerain dans l'intérêt de l'usine de Caër ; que dès lors l'autorité judiciaire était compétente pour prononcer sur la demande en dommages-intérêts formée par le sieur de Champigny, et qu'il fonde d'ailleurs sur des titres anciens de possession et de propriété ;

» Art. 1ᵉʳ. L'arrêté de conflit pris par le préfet de l'Eure, le 5 juin 1844, est annulé. »

La Cour de cassation a consacré les mêmes principes par deux arrêts des 28 janvier et 12 février 1845, rapportés par Villeneuve et Carette, Dalloz et le *Journal du Palais*. Le premier arrêt admet même l'action possessoire entre usiniers.

Nous devons faire remarquer, en terminant, que si l'administration a le pouvoir de réglementer les cours d'eau, de fixer les prises dans un intérêt général, malgré la possession et les titres privés, elle ne peut toutefois priver les particuliers des droits qui leur sont assurés par nos lois ; il ne lui serait donc pas permis de priver le propriétaire d'une source du droit d'en disposer, ni d'étendre la faculté d'irrigation à des héritages non riverains, si ce n'est pour cause d'utilité publique bien constatée, et moyennant indemnité préalable.

ADDITIONS ET NOTES.

La proposition de M. d'Angeville, sur les irrigations, a donné lieu à un rapport et à un
supplément de rapport, dans les sessions de
1843 et 1844, par l'honorable et savant M. Dalloz, député du Jura.

Nous regrettons vivement que l'étendue du
rapport et les bornes que nous avons dû nous
imposer nous empêchent de reproduire ce remarquable travail. Toutefois, on en trouvera,
dans le supplément de rapport que nous don-
nons en entier, une analyse qui nous paraît suffire à l'intelligence des difficultés que présentait
le projet en discussion et du but qu'on s'est proposé.

Nous y joignons le rapport non moins remarquable de l'honorable M. Passy à la Chambre
des pairs.

SUPPLÉMENT DE RAPPORT

**Fait par M. Dalloz, pour l'examen de la proposition
relative aux irrigations.**

Messieurs,

Depuis le dépôt du rapport fait au nom de
votre commission, le gouvernement, dans une

louable sollicitude, a mis à profit l'intervalle de
nos sessions pour consulter les conseils-généraux
sur l'économie du projet que nous avons eu
l'honneur de soumettre à vos délibérations. Dans
le même tems, un inspecteur d'agriculture a été
chargé d'aller explorer la pratique des irrigations dans ceux des Etats d'Italie dont la législation, partie essentielle de l'art agricole, est le
plus perfectionnée. Enfin, au commencement
de cette session, et au moment où le rapporteur
de votre commission demandait la reprise de
la proposition, M. le ministre du commerce a
formé, en dehors de la Chambre, une commission spéciale chargée d'examiner les votes émis
par les conseils-généraux, d'étudier la question
des irrigations et de préparer un projet de loi
sur cette importante matière. C'est le résultat de
ces nouvelles études que nous venons rapidement mettre sous les yeux de la Chambre, qui
y trouvera, nous osons l'espérer, de nouveaux
motifs d'accueillir avec quelque faveur les dispositions que nous avions d'abord présentées à
sa haute sanction.

On a pu voir dans le rapport que déjà, en
1842, M. le ministre du commerce avait inter-
rogé les conseils-généraux, et que trente-cinq
de ces conseils, sur cinquante qui s'étaient occu-
pés de la question, s'étaient montrés favorables

à la proposition d'accorder un passage sur les terres pour la conduite des eaux destinées à l'irrigation. En 1843, soixante-dix conseils-généraux ont répondu aux questions qui leur ont été posées par M. le ministre de l'agriculture et du commerce. Ces questions étaient celles-ci : « 1°Ne conviendrait-il pas d'accorder aux propriétaires de terrains irrigables le droit de faire passer les eaux sur le terrain d'autrui? 2° Comment devrait être réglé l'exercice de ce droit, quelles devraient être ses limites, et comment faudrait-il garantir les droits des tiers? » Des soixante-dix conseils-généraux qui ont répondu, cinquante-huit se sont prononcés pour la concession du droit de passage des eaux sur le terrain d'autrui, moyennant indemnité, et douze seulement ont émis une opinion contraire. Quant aux seize conseils-généraux qui n'ont pas répondu en 1843, il en est dix qui l'avaient fait en 1842; cinq avaient été favorables et cinq contraires. Les six autres n'ont répondu à aucune époque.

En réunissant les avis émis en 1842 à ceux qui ont été exprimés en 1843, on trouve soixante-trois conseils-généraux qui réclament l'établissement du droit de passage sur le terrain d'autrui pour les eaux propres à l'irrigation, et dix-sept seulement qui s'y refusent; encore, parmi ces derniers, en avons-nous compté un, celui de la Charente-Inférieure, dont l'avis est au moins douteux, si même il n'est favorable à nos propositions. Les délibérations de ces derniers conseils, qui sont pour la plupart les mêmes que ceux qui, en 1842, s'étaient déjà montrés peu favorables à l'idée première du projet, n'ont paru ajouter aucune objection nouvelle à celles que votre commission a combattues dans son précédent rapport.

Ces objections se résument, on le sait, dans le principe assurément inviolable du respect dû à la propriété. Mais est-ce offenser ce principe que de soumettre la propriété, dans un intérêt général de richesse agricole, de défense nationale et d'hygiène publique, à une servitude légale dont on lui paie le prix et dont la propriété elle-même est appelée à recueillir les plus grands avantages? Nos lois n'offrent-elles pas divers exemples de services fonciers imposés à la propriété, même dans l'intérêt privé, lorsqu'il s'identifie, comme ici, avec l'intérêt public? Quand votre commission voit non-seulement les peuples d'Italie, mais encore les États du Nord, qui, grâce à une température mieux équilibrée que la nôtre, possèdent une si grande étendue de prairies, admettre, dans cet intérêt, des dispositions beaucoup plus onéreuses et plus hardies que celles qu'elle vous propose elle-même, elle ne peut croire mériter (1) le reproche d'avoir manqué au respect qui est dû à la propriété.

Il résulte, au surplus, des détails dans lesquels on vient d'entrer, que la très-grande majorité des conseils-généraux, représentans naturels de la propriété, appelle de ses vœux des mesures législatives propres à faciliter des irrigations. Toutefois, le vœu de ces conseils n'est pas toujours formulé d'une manière uniforme. Si un très-grand nombre d'entre eux ont purement et simplement adopté le projet de votre commission, il en est plusieurs qui ne l'ont admis qu'avec des additions, des changemens ou des restrictions ; il en est aussi quelques-uns qui ont donné la préférence à la proposition de l'honorable M. d'Angeville. Ainsi, par exemple, certains conseils-généraux ont demandé qu'on ajoutât au droit de passage des eaux sur le terrain d'autrui, celui d'appuyer sur l'autre rive des cours d'eau les travaux d'art nécessaires

----

(1) La loi du grand-duché de Hesse, promulguée en 1850, et la loi du royaume de Prusse, promulguée en 1858, admettent la servitude du passage des eaux, et, en outre, le droit d'appui sur les fonds d'autrui. La loi de Hesse va même jusqu'à autoriser l'expropriation d'un terrain propre à faire une prairie, quand le propriétaire de ce terrain ne veut pas concourir avec ses voisins aux travaux nécessaires pour l'irrigation des terres d'un même finage. La question des irrigations est à l'étude dans le Wurtemberg et en Russie.

pour élever le niveau de la rivière, à la charge
d'une juste indemnité au propriétaire sur le sol
duquel serait exercé ce droit d'appui ; quelques
autres ont demandé que le propriétaire du fonds
traversé eût le droit de partager les eaux, sauf
à ne recevoir qu'une moindre indemnité; un
autre a exprimé le vœu que le droit de faire passer les eaux sur le terrain d'autrui ne fût accordé
que pour les eaux dont on a la propriété, ou
pour celles dérivées des fleuves et des rivières
navigables, mais ne s'étendit pas aux rivières
qui ne sont ni navigables ni flottables ; d'autres
encore ont demandé que le droit de passage ne
pût être réclamé que pour l'irrigation d'un hec-
tare au moins de terre. Il est un conseil qui a
demandé qu'un privilége fût établi sur les fonds
irrigués pour le paiement de l'indemnité due
aux fonds traversés par les eaux ; et un autre,
que somme suffisante pour le paiement de cette
indemnité et des frais fût consignée d'avance au
moment même où la demande du passage serait
formée. Enfin, quelques conseils, tout en adoptant le projet de votre commission, ont émis le
vœu qu'il pût trouver place dans une loi générale sur les irrigations ; et quelques autres, au
nombre de neuf, se sont prononcés en faveur de
la proposition primitive de l'honorable M. d'Angeville, qui, pourtant, s'est complétement rallié

lui-même au système de votre commission. Mais,
on le répète, sauf ces diverses modifications
qu'on trouve isolées dans un certain nombre de
délibérations, il reste que soixante-trois conseils-
généraux ont adhéré au principe du projet de
votre commission, et que seize ou dix-sept seulement ont émis une opinion contraire.

Tandis que les conseils-généraux délibéraient
sur le projet de votre commission, distribué par
les soins de M. le ministre de l'agriculture et du
commerce à chacun des membres de ces conseils,
un inspecteur d'agriculture se rendait, comme
on l'a dit, en Italie pour y étudier la pratique
des irrigations. Cette mission a été remplie avec
autant de lumières que de zèle par M. de Mornay, qui a particulièrement visité la Lombardie
et le Piémont, c'est-à-dire les deux Etats d'Italie
où les irrigations sont le plus florissantes et dont
la législation avait été invoquée dans le rapport
de votre commission. Quel a été le résultat de
ces explorations? De démontrer à M. de Mornay
l'utilité et la facilité d'introduire en France des
dispositions dont il a pu apprécier les heureux
effets en pays étranger. C'est ce qui résulte du
rapport de cet agent que M. le ministre a bien
voulu mettre sous les yeux de votre commission,
rapport qui se termine par l'adoption textuelle
des trois articles dont le projet de votre commis-

sion se compose, sauf quelques dispositions additionnelles auxquelles M. de Mornay lui-même a renoncé dans le sein de la commission spéciale, instituée par M. le ministre de l'agriculture, dont il était membre. Parmi ces dispositions additionnelles se trouvait le droit d'appui déjà réclamé, comme on l'a vu, par quelques conseils généraux.

La commission spéciale, instituée le 15 janvier dernier par M. le ministre de l'agriculture et du commerce, était composée de membres des deux Chambres, dont quatre anciens ministres, de fonctionnaires publics et d'agronomes, connus pour avoir fait une étude particulière de la question des irrigations (1). Le procès-verbal de ses délibérations n'ayant pas été imprimé, il est nécessaire d'en mettre une courte analyse sous les yeux de la Chambre.

Le premier soin de cette commission a été d'examiner attentivement les votes des conseils-généraux que nous avons fait connaître, et d'entendre l'exposé que M. de Mornay, inspecteur de l'agriculture, et l'un de ses membres, lui a

----

(1) Voici les noms de MM. les membres de cette commission : M. le comte de Gasparin, pair de France, président; MM. le comte d'Argout, Passy, Teste, pairs de France; le comte d'Angeville, de Tracy, Dalloz, députés; le comte d'Esterno, le vicomte Héricart de Thury, Nadault de Buffon, Dittmer, de Mornay et de Lagarde, secrétaire.

présenté de ses communications à **M.** le ministre de l'agriculture , en exécution de la mission
qui lui avait été confiée, communications entièrement favorables à nos propositions, comme
on l'a vu il n'y a qu'un moment.

Cette commission, dont la tâche n'avait point
été circonscrite par le ministre , qui avait au
contraire ouvert libre carrière à ses investigations, s'est posée, dès le début, la question de
savoir si elle se renfermerait dans les limites du
projet présenté par votre commission , ou si, au
contraire, elle embrasserait dans leur ensemble
toutes les questions qui se rattachent aux irrigations, et particulièrement celles qui touchent
au régime et à la propriété des cours d'eau secondaires. Après une discussion étendue et à
laquelle deux séances ont été consacrées , la
commission spéciale a été d'avis , à l'unanimité,
qu'on devait s'abstenir de toucher à la législation existante sur le régime et la propriété des
eaux ; elle a pensé qu'il fallait se renfermer
étroitement dans l'examen du projet de votre
commission, dont l'unique but est de créer une
servitude légale de passage pour les eaux propres à l'irrigation dont on a le droit de disposer
à un titre quelconque, soit comme propriétaire,
soit comme riverain usager, soit en qualité de
concessionnaire.

Un membre, cependant, tout en adhérant à cette résolution, a exprimé la crainte que les dérivations particulières qui seraient faites, en vertu de la nouvelle loi, aux cours d'eaux non navigables, n'aient plus tard pour effet de contrarier l'exécution des grands canaux qu'il désirerait voir entreprendre au moyen d'associations volontaires ou de syndicats forcés dont le principe pourrait être posé dans nos lois. Mais on a répondu que cette appréhension demeurait étrangère aux eaux de source, de pluie, de neige et autres susceptibles de propriété privée ; qu'elle l'était même aux eaux dérivées, en vertu de concessions des fleuves et rivières navigables ou flottables, car ces concessions sont toujours subordonnées à une appréciation convenable de l'importance des irrigations ; que, quant aux cours d'eaux non navigables, on devait peu se préoccuper du danger de l'épuisement des eaux, parce que ces eaux, une fois épuisées par les irrigations particulières et par les besoins des usines, le but d'amélioration agricole qu'on se propose serait atteint, et qu'il n'y avait aucune nécessité de les faire entrer dans un système général qui, au reste, serait toujours praticable, si l'on jugeait qu'il offrît une plus grande somme d'utilité. On peut ajouter que ce système d'irrigations en grand, au moyen d'associations vo-

lontaires et surtout à l'aide de syndicats forcés,
est de nature à rencontrer chez nous des obstacles de plus d'un genre, et qu'en attendre la
réalisation, ce serait ajourner pour long-tems
encore en France le bienfait d'une législation
favorable aux irrigations. Au reste, il ne faut
pas croire que le projet de votre commission
n'embrasse que la plus faible partie du sujet :
nous avons dit dans le rapport, et nous persis-
tons à penser que les irrigations les plus nombreuses et les plus importantes en résultat sont
celles qui peuvent se faire à l'aide des eaux de
source, des eaux de neige et de pluie et des
cours d'eau ordinaire. Cette opinion est celle
aussi d'un grand nombre d'agronomes, et particulièrement celle de l'honorable M. Puvis, ancien député, auteur d'un récent écrit plein d'intérêt sur la matière qui nous occupe. Après
tout, on creuserait en vain de dispendieux canaux d'irrigation, ce que le gouvernement peut
toujours faire à l'aide des lois sur l'expropriation pour cause d'utilité publique, si les possesseurs de terrains susceptibles d'être arrosés
n'obtenaient de la législation le droit d'amener
sur leurs terres irrigables les eaux qu'ils iraient
puiser dans ces grandes artères.

Après avoir décidé en principe qu'elles se
renfermerait dans les limites du projet de votre

commission, la commission spéciale est entrée dans l'examen des trois articles dont ce projet se compose. Chacun de ces articles a donné lieu à une discussion étendue et approfondie.

Dans le cours de cette discussion, dont on ne mettra pas les détails sous les yeux de la Chambre, les diverses modifications et additions proposées par certains conseils-généraux ont été appréciées; ces propositions isolées, qui ont été rappelées plus haut, ont été écartées, les unes comme implicitement comprises dans le projet de votre commission, et les autres comme inadmissibles dans la pratique. Mais deux questions graves se sont élevées. La première a été celle de savoir si l'on reconnaîtrait aux propriétaires immédiatement riverains d'un cours d'eau le droit de céder à un propriétaire non riverain le droit qu'il a de prendre des eaux pour l'irrigation de ses propriétés.

La commission a pensé que c'était là une question étrangère au droit de passage des eaux, et qui trouverait naturellement sa solution dans les principes du droit commun; qu'au surplus, le propriétaire riverain qui consentirait à céder son droit de prise d'eau à son voisin pourrait aussi consentir à lui vendre une portion de terre riveraine suffisante pour exercer la prise d'eau.

La seconde question a été relative au droit

d'appui dont on a eu déjà l'occasion de parler. Ce droit d'appui qu'ont spontanément demandé plusieurs conseils-généraux, quelques membres de la commission spéciale l'ont vivement réclamé comme un corollaire indispensable du projet, et telle est aussi l'opinion d'un savant jurisconsulte italien, M. Giovanetti de Novare, qui a profondément étudié la matière des irrigations, et de M. Puvis, dans l'écrit déjà cité. Quoique cette disposition ne soit pas nouvelle, puisqu'on la trouve dans l'art. 61 du projet de Code rural, et quoique son utilité ait paru d'une évidence incontestable à la majorité de la commission spéciale, elle n'a pas osé proposer l'établissement de cette seconde servitude légale, sur laquelle les conseils-généraux n'ont pas été consultés, et qui nécessiterait l'intervention de l'autorité administrative. Toutefois elle n'a cédé qu'à la crainte de compromettre la disposition principale du projet.

Ces questions vidées, les trois articles du projet de votre commission ont été successivement discutés, et adoptés à l'unanimité avec les légères modifications que nous allons faire connaître.

Le premier article n'en a amené aucune, et sa rédaction a été textuellement maintenue. L'art. 2 a seulement donné lieu à la substitution du pluriel au singulier dans ces mots : « Le propriétaire du fonds inférieur devra recevoir les eaux, etc » — En adoptant l'art. 3, la commission spéciale a exprimé le désir que le mot *aqueduc* fût remplacé par l'expression *conduite d'eau,* qui lui a paru plus générale et plus simple que le mot *aqueduc,* plus ordinairement employé pour désigner des travaux d'art ou de maçonnerie qui ne seront pas toujours nécessaires, car de simples fossés ou rigoles suffiront pour le passage des eaux dans un grand nombre de cas. Enfin, la commission spéciale a pensé qu'il pourrait être sage d'ajouter au projet une disposition qui exprimât une idée, d'ailleurs énoncée dans le rapport de votre commission, à savoir qu'on n'entendait ni directement ni indirectement déroger aux lois qui réservent à l'autorité administrative la police des eaux (1).

---

(1) Voici, au reste, le résumé qui termine le procès-verbal des délibérations de la commission spéciale instituée par M. le ministre de l'agriculture :

« Le premier point que la commission spéciale a eu à résoudre était celui-ci :

» La commission doit-elle embrasser la question des irrigations dans son ensemble, ou doit-elle se renfermer dans les limites du système qui a été proposé à la Chambre des députés, et qui consiste à créer, en faveur de l'irrigation, *un droit de passage forcé sur les fonds d'autrui?*

» Dans ce dernier cas, adoptera-t-on le système de l'expro-

Votre commission a examiné ces modifications ; elle a d'autant moins hésité à les admet—
tre, que toutes lui ont paru rentrer dans ses
propres vues et dans le véritable sens des dispositions qu'elle avait formulées.

Ainsi, dans la pensée de votre commission,
l'obligation de recevoir les eaux de colature,
c'est-à-dire les eaux qui ont servi à l'irrigation,

---

priation forcée, proposé par M. le comte d'Angeville, auteur
de la proposition, ou celui d'un simple droit de servitude, tel
qu'il est formulé par M. Dalloz dans son rapport à la Chambre
des députés ?

» Quant au premier point, la commission a pensé qu'on ne
pourrait faire une loi générale sur les irrigations sans soulever
immédiatement la question de propriété des cours d'eau non
navigables ni flottables, question ardue, qui divise les meilleurs
esprits. Tout en reconnaissant donc qu'une loi d'ensemble sur
les irrigations est un des besoins les plus impérieux de l'agriculture, la commission, craignant un long ajournement si l'on
veut faire une loi de ce genre, a préféré borner son travail au
côté pratique et actuellement acceptable de la proposition.

» En conséquence, elle a décidé que ses travaux porteraient
spécialement sur le meilleur moyen d'établir, en faveur de l'irrigation, *un droit de passage forcé sur les propriétés d'autrui.*

» La commission a aussi décidé que le système d'expropriation forcée, proposé par M. le comte d'Angeville, serait écarté,
et qu'on discuterait celui que M. Dalloz a développé dans son
rapport à la Chambre des députés, lequel consiste à ne grever
la propriété que d'une simple *servitude* en faveur des irrigations.

» Ce dernier système ayant été pris pour base des travaux
de la commission spéciale, les trois articles dont il se compose

ne s'arrête pas au propriétaire du terrain immédiatement contigu; elle s'étend, lorsqu'il y a nécessité, aux propriétaires des fonds inférieurs subséquens, sauf l'indemnité qui pourra leur être due pour le dommage causé par l'écoulement de ces eaux, qui le plus souvent leur seront plus profitables que nuisibles. Dès lors, la subs-

---

ont été ainsi successivement examinés, et les diverses questions de détail qu'ils peuvent soulever ont été débattues.

» Quelques membres désiraient qu'on introduisît dans la loi projetée le droit d'appui et de barrage; la commission reconnaissait généralement que cette disposition serait d'un avantage réel; mais, craignant qu'elle ne compromît le sort de la loi tout entière, et considérant d'ailleurs que les départemens n'avaient pas été appelés à donner leur avis sur ce point spécial, elle a préféré s'abstenir d'en faire mention.

» Les modifications que les trois articles du rapport de M. Dalloz ont subies dans la discussion n'ayant amené, en définitive, aucun changement de fond, et l'article additionnel que l'on a jugé convenable d'insérer dans la loi, sous le n° 4, n'étant que la conséquence des explications données dans ce rapport, il en résulte que le projet de loi de la commission de la Chambre des députés et celui de la commission spéciale sont pour ainsi dire identiques.

» En terminant ses travaux, la commission croit devoir émettre l'avis que, dans l'intérêt de l'agriculture, M. le ministre soit invité à hâter, autant qu'il dépendra de lui, la reprise de la proposition de M. le comte d'Angeville, telle qu'elle est modifiée par le rapport de M. Dalloz.

» L'article additionnel proposé par la commission étant une conséquence des termes mêmes de ce rapport, pourrait être introduit dans la loi par voie d'amendement. »

titution du pluriel au singulier par les mots *propriétaire inférieur*, employés dans la rédaction de l'art. 2, ne pouvait être susceptible d'aucune difficulté, et votre commission vous propose de l'adopter.

Il en est de même du remplacement du mot *aqueduc*, dans l'art. 3, par le terme *conduite* d'eau. Quoique le mot *aqueduc*, dérivé du latin *aquæ ductus*, soit le synonyme de l'expression française *conduite d'eau*, et s'applique également à toute espèce de travail ayant pour but d'amener les eaux d'un lieu à un autre, votre commission vous propose de préférer cette dernière expression, qui, dans le langage usuel, rend plus exactement peut-être l'idée de la servitude qu'il s'agit d'établir, et qui, dans un grand nombre de cas, ne demandera pas les constructions souterraines que désigne plus particulièrement le mot *aqueduc*.

Quant à l'article additionnel proposé par la commission spéciale pour réserver les droits de l'administration relativement à la police des eaux, cette disposition peut être regardée comme surabondante, puisque aucun des trois articles du projet ne déroge à ces droits que votre commission a expressément réservés dans deux passages de son rapport. Néanmoins, elle ne voit aucun inconvénient à formuler cette réserve dans la loi elle-même, par l'adoption de l'article additionnel proposé par la commission spéciale, et qui deviendra le quatrième du projet.

Avant de finir, votre commission doit rendre compte à la Chambre de la proposition faite par l'un de ses membres d'admettre, conformément aux vœux de quelques conseils-généraux, les propriétaires des fonds traversés au partage des eaux, lorsqu'elles excéderaient les besoins de celui qui en a réclamé le passage, sauf à compenser cet avantage jusqu'à due concurrence avec l'indemnité qu'il aurait à payer. Ce vœu, déjà émis par trois conseils-généraux, ceux de la Corrèze, du Lot et de la Lozère, repose sans doute sur une idée de réciprocité qui frappe au premier aperçu. En effet, quoique les dispositions de l'art. 644 du Code civil n'aient rien évidemment d'applicable aux eaux artificiellement dérivées par un propriétaire à travers l'héritage voisin pour l'irrigation de ses propriétés, on ne peut méconnaître la faveur qui s'attache au propriétaire traversé, lorsqu'il réclame lui-même, moyennant indemnité, l'excédant des eaux qu'on fait couler dans un canal qui vient sillonner sa propriété. Cependant, votre commission n'a pas pensé qu'une semblable disposition pût être admise. Il lui a paru d'abord qu'elle ne pourrait trouver d'application que dans des cas assez rares, car il est naturel de présumer qu'un propriétaire ne dérive que le volume d'eau à peu près nécessaire pour l'arrosement de ses terres. Elle a été arrêtée ensuite par la difficulté de créer une sorte de communauté obligée entre le possesseur des eaux dérivées et ceux dont les héritages pourraient être traversés par les eaux. Votre commission a surtout été frappée des contestations sans cesse renaissantes auxquelles ne pourraient manquer de donner lieu, soit la question du volume et de l'excédant des eaux, soit l'appréciation de leur valeur, soit surtout l'exercice d'un droit de partage qui aurait son principe dans la loi, au lieu d'être abandonné aux libres conventions des parties, conventions qui interviendront ordinairement, quand elles seront possibles, parce qu'elles sont dans l'intérêt commun du possesseur des eaux et des propriétaires dont elles traversent le fonds. Votre commission a donc repoussé cette proposition nouvelle et maintenu son projet primitif.

En dernière analyse, l'immense majorité des conseils-généraux appelle de ses vœux une loi propre à faciliter les irrigations, et adopte le principe que vous a proposé votre commission; un grand nombre d'entre eux acceptent textuellement les articles qui forment l'économie de son projet, dont l'idée principale a été empruntée aux lois des pays où les irrigations sont le plus perfectionnées et le plus prospères. Quant aux modifications de détail demandées par quelques conseils-généraux, la commission spéciale instituée par M. le ministre de l'agriculture et du commerce, qui les a aussi examinées, a reconnu que plusieurs d'entre elles rentraient dans les dispositions mêmes du projet, et que les autres n'étaient pas acceptables. Cette commission, unanime dans son adhésion, n'a proposé que les légers changemens dont nous avons rendu compte, et qui n'altèrent ni le fond ni même la forme essentielle du projet. Enfin, ce projet a obtenu le suffrage d'une réunion qui, sans avoir aucun caractère officiel, peut être néanmoins regardée comme une autorité en cette matière, par le concours qu'elle a offert des principales notabilités agricoles du pays (1). Votre commission ne peut donc qu'y persister ; et, comme elle l'annonçait en commençant, elle croit pouvoir trouver, dans les faits qui se sont accomplis depuis la dernière session, de nouvelles et puissantes raisons d'espérer que son travail ne paraîtra pas indigne de l'assentiment de la chambre.

---

(1) Le congrès agricole récemment tenu à Paris sous la présidence de M. le duc Decazes.

Proposition amendée par la commission.

Art. 1ᵉʳ. Tout propriétaire qui voudra se servir, pour l'irrigation de ses propriétés, des eaux
naturelles ou artificielles dont il a le droit de
disposer, pourra réclamer le passage de ces eaux
sur les fonds intermédiaires, à la charge d'une
juste et préalable indemnité. Sont exceptés de
cette servitude, les maisons, cours, jardins,
parcs et enclos attenans aux habitations.

Art. 2. Les propriétaires des fonds inférieurs
devront recevoir les eaux qui s'écouleront des
terrains ainsi arrosés, sauf l'indemnité qui
pourra lui être due, à raison du préjudice que
leur causerait cette aggravation de la servitude
établie par l'art. 640 du Code civil.

Art. 3. Les contestations auxquelles pourront
donner lieu l'établissement de la servitude, la
fixation du parcours de la conduite d'eau, de ses
dimensions et de sa forme, et les indemnités dues
soit au propriétaire du fonds traversé, soit à celui du fonds qui recevra l'écoulement des eaux,
seront portées devant les tribunaux qui, en prononçant, devront concilier l'intérêt de l'opération avec le respect dû à la propriété.

Art. 4. Il n'est aucunement dérogé par les
présentes dispositions aux lois qui règlent la police des eaux.

RAPPORT

Fait par M. Passy à la Chambre des pairs sur le projet de loi relatif aux irrigations.

Messieurs,

L'usage des irrigations date des tems les plus reculés. C'est au sein de régions torrides que la civilisation commença à fleurir, et à peine y eut-elle pris quelques développemens, que des travaux d'arrosage, d'une grandeur merveilleuse, vinrent y assurer la fécondité des cultures.

Sous le ciel moins ardent de l'Europe, l'art n'eut pas à réaliser de si vastes conceptions. On n'y vit ni les lacs immenses, ni les innombrables canaux qui fertilisaient le sol de l'Egypte et des vieux empires de l'Asie, mais les eaux y furent utilisées dans la mesure commandée par l'état des températures, et les contrées les plus méridionales se couvrirent d'ouvrages qui les firent refluer dans les campagnes.

Le monde romain s'écroula sans entraîner dans sa ruine les vieilles traditions rurales. L'Italie continua à demander aux nombreux cours d'eau qui la baignent leur tribut accoutumé, et les lois qui, à partir du XIIe siècle, vinrent y régler les systèmes de dérivation et d'arrosage, ne

firent que sanctionner des coutumes dès long-
tems établies et respectées.

L'Espagne, non plus, ne cessa pas d'emprunter aux eaux une assistance dont une partie de
ses champs ne pouvait se passer. Loin de là, des
maîtres originaires de contrées brûlantes lui ap-
portèrent tous les secrets de la science naba-
théienne, et sous la domination arabe se perfec-
tionnèrent et s'étendirent rapidement les mé-
thodes d'irrigation qui ont fait du royaume de
Valence et de la basse Catalogne le siége de
cultures admirables de puissance et de richesse.

Les exemples de l'Italie et de l'Espagne ne
furent imités que sur quelques points du midi
de la France. Dans le reste de l'Europe, la
nature dispense la chaleur et l'humidité dans
des proportions dont put se contenter long-tems
le travail agricole, et c'est de nos jours seulement
qu'elles ont cessé de suffire à toutes ses exigences.

C'est là un résultat des progrès mêmes de
l'ordre social. A mesure que les populations ont
crû en nombre et en aisance, il a fallu demander
davantage au sol, et le moment est arrivé où
des moyens de production, auparavant négli-
gés, sont devenus d'un usage indispensable.
Aujourd'hui, tout, dans les parties les plus avan-
cées de l'Europe, appelle impérieusement la
multiplication des animaux. Ce n'est pas seule-

ment parce qu'ils ont acquis plus de valeur vénale, c'est surtout parce qu'ils fournissent des engrais dont l'abondance détermine la richesse des récoltes, et que, si la quantité n'en augmentait, il serait impossible d'élever le produit des terres arables au niveau des besoins croissans de la consommation. De là l'importance qui s'est attachée à toutes les cultures fourragères ; de là, d'une part, l'extension constante des prairies artificielles, et, de l'autre, les efforts faits pour agrandir et amender les prés naturels; de là, enfin, la nécessité d'user plus largement du secours de l'irrigation.

Ce qui prouve combien cette nécessité est maintenant distincte dans beaucoup de pays qui jusqu'ici semblent l'avoir ignorée ou méconnue, c'est l'ardeur avec laquelle y ont été recherchés tout d'un coup les moyens d'y satisfaire. En Allemagne, en Angleterre, en France, des eaux long-tems dédaignées sont recueillies à grands frais, et les cultivateurs les plus intelligens ne reculent devant aucun des sacrifices qui peuvent leur en permettre l'usage. Dans le nord de l'Europe, où les moissons, mûries aux ardeurs d'un soleil qui, durant les jours de l'été, disparait à peine un moment de l'horizon, manquent toutes les fois que des pluies fréquentes ne viennent pas rafraichir

l'atmosphère l'irrigation a pris plus d'extension
encore. Les laboureurs de la Suède et de la Nor-
wège ne se bornent pas à arroser leurs prairies ;
beaucoup de terres en labour reçoivent les
mêmes soins, et les paient par des fruits plus
abondans et mieux assurés.

Jamais ne survient une de ces époques où la
multiplication des demandes de la consommation nécessite de nouvelles et plus puissantes
applications des forces productives dont les sociétés disposent sans que la puissance publique
ne soit tenue d'en seconder l'usage. Depuis
quinze ans, des gouvernemens qui n'avaient pas
eu à s'occuper des questions soulevées par l'irrigation ont été appelés à intervenir ; et presque
tous se sont hâtés de mettre l'agriculture en possession de ressources dont l'absence, en mettant
des bornes à son essor, eût fini par ralentir et
par suspendre le cours des prospérités sociales.

Ainsi, tandis que l'Italie et la Sardaigne s'at-
tachent à perfectionner le régime sous lequel
l'emploi des eaux vivifie leurs cultures, les gouvernemens de l'Allemagne, si soucieux des intérêts de la production territoriale, si attentifs à
écarter tous les obstacles qui peuvent en contrarier le développement, travaillaient à doter
l'agriculture des facilités d'irrigation dont elle
éprouvait le besoin. Dès l'année 1830, le grand-

duché de Hesse promulguait une loi destinée à favoriser l'arrosement des prairies; treize ans plus tard, la Prusse en faisait autant, et, à la même époque, les états du Wurtemberg discutaient une proposition de loi conçue dans le même but.

En Angleterre, aussi, les circonstances rurales avaient éveillé l'attention sur l'utilité des eaux. Un bill, soumis au parlement le 15 mars 1843, et qui n'avait en vue que les desséchemens, s'y transforma en loi sur les irrigations. De nombreux amendemens le complétèrent, et l'agriculture obtint une liberté d'action dont elle avait manqué, et qui chaque jour lui devenait plus nécessaire.

Il était impossible que les circonstances auxquelles obéissent tant d'autres États ne se produisissent pas en France, où l'industrie agricole avait aussi à subvenir à la subsistance d'une population rapidement croissante. Des causes spéciales devaient même en fortifier l'empire. Moins arrosée que l'Angleterre et le midi de l'Allemagne, la France, eu égard à sa superficie totale, ne compte pas autant de prés et de pâtures. D'un autre côté, les trois quarts de son territoire sont sujets à des sécheresses estivales qui les privent parfois d'une partie de leur récolte herbagère; et de là, pour l'élève et l'entretien du bétail, des difficultés qui lui sont propres et qui ont accru, dans son sein, l'urgence de suppléer, à l'aide des ressources de l'art, à l'insuffisance de celles qu'elle doit à la nature.

Malheureusement, les lois qui la régissent n'avaient pu prévoir les besoins nés de progrès qui ne s'annonçaient pas encore à l'époque de leur promulgation. En maintenant dans toute leur vigueur les réglemens particuliers et locaux sur le cours et l'usage des eaux, les lois avaient laissé subsister de beaux et féconds systèmes d'irrigation au pied des Pyrénées, sur le littoral de la Méditerranée et dans quelques autres parties du territoire; mais, là où il n'en existait pas avant la chute de l'ancien régime, tout était obstacle à de pareilles créations, et rarement avait-on vu les entreprises les mieux dirigées obtenir le succès que méritait leur utilité.

Une situation si préjudiciable à des intérêts d'un ordre élevé ne pouvait durer sans susciter de vives et justes réclamations. D'année en année, ces réclamations arrivaient plus nombreuses, et, en 1842, M. le ministre de l'agriculture et du commerce chercha à leur préparer la satisfaction qui leur était due. Grâce à ses soins empressés, les conseils-généraux des départemens furent invités à s'occuper de la question des irrigations, et consultés sur la convenance

d'accorder aux propriétaires des terrains irrigables la faculté de faire passer sur le fonds d'autrui les eaux dont ils pourraient disposer. Sur
cinquante conseils-généraux, dont les réponses
arrivèrent alors au ministre, trente-cinq adhérèrent pleinement à l'avis qui leur était soumis,
quinze, au contraire, refusèrent leur assentiment. Tel était l'état des choses, lorsque, à la
fin du mois de mai 1843, la Chambre des députés fut saisie par un de ses membres d'une
proposition relative à l'irrigation. M. le comte
d'Angeville, agriculteur distingué, savait quels
avantages la France peut retirer d'eaux qu'elle
laisse perdre sans les utiliser. Des travaux d'arrosage d'une hardiesse ingénieuse lui avaient
permis de transformer en riche pâture des terrains jusque-là à demi-stériles ; mais ce n'avait
été qu'à force de tems, de patience et de sacrifices, qu'il était venu à bout d'achever son œuvre ;
et ce fut dans la pensée, qui l'honore, d'aplanir
pour d'autres la voie où il n'avait marché qu'à
travers des obstacles sans nombre, qu'il conçut
et déposa sa proposition.

Vous savez, Messieurs, quel accueil a obtenu
cette proposition. Une commission eut à l'examiner, et tout en lui donnant la plus ferme approbation, elle crut cependant devoir en modifier
les termes. Au bénéfice de la déclaration d'uti-

lité publique invoquée en faveur des travaux individuels ou collectifs d'irrigation, elle substitua le bénéfice plus restreint du droit de conduite des eaux à leur destination, à travers les fonds intermédiaires, et un rapport d'une rédaction savante et lucide rendit compte des motifs de sa détermination.

La session, au moment où le rapport fut distribué, était trop avancée pour en permettre la discussion. M. le ministre de l'agriculture et du commerce mit à profit le tems qui lui restait pour solliciter de nouveau le concours des conseils-généraux. Cette fois, soixante-dix délibérèrent avec fruit, et comme, parmi les seize conseils qui s'abstinrent, dix avaient énoncé leur opinion l'année précédente, c'est soixante-trois avis favorables et dix-sept avis contraires qu'il faut compter à la proposition, et encore les avis contraires vinrent-ils presque tous de départemens auxquels l'humidité de leur climat ou le voisinage de la mer rend l'irrigation à peu près superflue.

Vers la même époque fut instituée une commission spéciale chargée d'examiner et de débattre toutes les questions que peut soulever l'irrigation. Nulle limite n'était imposée à ses investigations; elle était pleinement libre d'aller, dans ses conclusions, aussi loin que l'intérêt du pays lui paraîtrait le demander, et ce fut au système adopté par la commission de la Chambre des députés qu'elle finit par donner la préférence. Le désir de concilier toutes les convenances du moment la détermina dans son choix, et tout atteste qu'elle fut sage et prévoyante.

Aujourd'hui, Messieurs, c'est forte de l'épreuve d'un débat solennel que la proposition de M. le comte d'Angeville vous arrive. La sanction qu'elle a reçue de la Chambre des députés l'a convertie en projet de loi, et c'est à ce titre que vous avez confié à une commission le soin de l'examiner.

L'économie de ce projet, Messieurs, est simple. Ce qu'il veut, c'est que les propriétaires de terrains irrigables puissent y conduire les eaux dont ils ont la possession, à la charge par eux d'indemniser préalablement les maitres des terrains sur lesquels ces eaux obtiendront passage. Pareille faculté est accordée, aux mêmes conditions, aux propriétaires des terrains submergés, pour l'écoulement des eaux nuisibles. C'est là, au fond, tout le projet de loi. Pour en apprécier nettement le caractère et la portée, il faut se rendre un juste compte des principes qui parmi nous régissent la propriété et l'usage des eaux.

Les eaux, en France, constituent, suivant leur nature, des propriétés d'espèces diverses. Au domaine public appartiennent les fleuves et les rivières navigables et flottables, et l'Etat a seul le pouvoir d'en disposer.

Viennent ensuite les cours d'eau trop faibles pour servir au flottage ou à la navigation. Sur ceux-ci, l'Etat ne s'est réservé que des droits généraux de police. Les riverains en ont la possession collective; tous sont libres de s'en servir pour l'irrigation des propriétés contiguës, et ceux qui possèdent les deux rives ne rencontrent, dans l'usage qu'ils en font, d'autre limite que l'obligation de les rendre, à la sortie de leur domaine, à leur lit naturel. Quant aux étangs, aux lacs et aux sources, ce sont de véritables propriétés privées. Seulement le maître du fonds où naît une source est tenu de respecter les droits que, par titre ou par prescription, pourrait avoir acquis le propriétaire du terrain inférieur, et, dans le cas où la source pourvoirait aux besoins de lieux habités, il lui est interdit d'en changer le cours, mais sous bénéfice du droit d'obtenir des indemnités réglées à dire d'experts, quand les habitans n'en ont pas acquis ou prescrit l'usage.

Tel est le régime qui s'applique à la propriété des eaux (1). Autant de sortes d'eaux, autant de

---

(1) Voir les art. 538, 641, 642, 643, 644 et 645 du Code civil.

règles distinctes, autant de droits divers d'origine et d'étendue : voyons maintenant quel degré de latitude ce régime laisse à l'usage des
eaux dans l'intérêt des cultures. S'agit-il d'irriguer des champs contigus à des fleuves ou à des
rivières navigables et flottables, ces fleuves et
rivières appartiennent à l'Etat ; et, dès lors, c'est
à lui qu'il faut s'adresser pour en obtenir des dérivations dont il mesure le volume, et dont la
concession demeure révocable à son gré. Pareille
permission n'est pas nécessaire pour l'arrosement des fonds attenant aux simples ruisseaux.
Tout riverain peut user des eaux qu'ils contien-
nent ; mais, comme nul ne doit absorber ou appauvrir à son profit exclusif une propriété commune, l'administration supérieure, tutrice légale des biens et des intérêts collectifs, garde
avec la police de ces eaux le droit de déterminer
la manière de s'en servir et d'imposer des réglemens particuliers et locaux dont les tribunaux,
en cas de contestation entre les usagers, sont
tenus de maintenir l'observation. Pour les irrigations opérées à l'aide des étangs et des sources,
le propriétaire, à moins que ses opérations ne
soient dommageables à ses voisins, est complètement libre. Les eaux qu'il emploie sont à lui,
et personne n'a droit de lui en disputer l'usage.

Maintenant, ce qu'il importe de remarquer,

c'est combien, sous ce régime en apparence si libéral envers les particuliers, sont restreintes, en réalité, les facilités accordées à l'emploi des eaux au profit de la culture. Il n'y a que les terrains bordés par les eaux qui puissent en utiliser les propriétés fécondantes ; si les riverains peuvent à certaines conditions les y faire refluer, là s'arrête leur pouvoir : il leur est interdit d'en conduire ailleurs le moindre superflu. Bien plus : des décisions judiciaires, conformes à l'avis de jurisconsultes éminens, ont établi que, réservé aux seuls champs qui se trouvaient en contact immédiat avec les cours d'eau au moment où parut le Code civil, le droit à l'arrosement n'avait pu s'étendre à aucune des annexes qui depuis y ont été rattachées et les ont agrandis.

Ainsi confinée aux limites étroites des portions de terre que touchent immédiatement les eaux, l'irrigation n'a pu recevoir en France des développemens en harmonie avec les exigences de l'époque. Vainement les difficultés attachées à la production du bétail pesaient-elles de plus en plus sur l'agriculture ; vainement la rareté des engrais ne permettait-elle pas d'obtenir des terres arables tout ce qu'elles devraient donner : devant des obstacles presque toujours insurmontables échouaient les efforts destinés à étendre et à fertiliser le sol des prairies, et nul doute

que si les grands travaux d'arrosage conservés
sur quelques points de notre territoire n'eussent
été terminés sous l'empire des lois anciennes et
maintenant abolies, jamais ils ne seraient venus
répandre la vie et la prospérité dans les lieux
qui ont continué à en recueillir le bienfait.

C'est au mal résultant de l'insuffisance de nos
lois en matière d'irrigation, à ce mal sous le
poids duquel, s'il devait subsister, finirait par
s'arrêter notre mouvement agricole, que le projet de loi a pour but de remédier. Autoriser les
propriétaires de terrains irrigables à y faire arriver des eaux qui en accroîtraient la fécondité;
leur permettre d'user d'un agent de production
inutile souvent là où il se rencontre, voilà tout
ce qu'il contient. Sur tout autre point, et il importe de le remarquer, la législation actuelle
demeure intacte. Propriété et police des eaux,
droits de l'état, juridictions et compétences,
rien de ce qu'elle prescrit et consacre n'est mo-
difié, et si c'est devant les tribunaux que sont
renvoyées les contestations auxquelles pourrait
donner lieu l'exercice du droit de passage des
eaux, c'est qu'il ne s'agit là que de faits d'un ordre sur lequel seuls ils ont eu jusqu'à présent
mission de prononcer.

C'est toutefois une innovation réelle que la
consécration d'un droit dont l'exercice entraîne

l'établissement d'une servitude foncière non admise encore par notre législation; et, comme
toutes les innovations, celle-ci n'a pu échapper
à des objections dont il importe que nous nous
rendions compte avant d'entrer dans l'examen
des articles compris dans le projet de loi.

C'est, a-t-on dit, attenter au droit de propriété, que créer des servitudes dans un intérêt
privé. Jusqu'ici, de telles prescriptions n'étaient
connues que pour cause d'utilité publique, et
c'est aux particuliers que doit équitablement
être laissé le soin de régler, par des conditions
librement débattues, tout ce qui n'a d'autre but
que d'ajouter au produit des biens dont ils
jouissent.

En second lieu, le projet de loi ne saurait répondre à l'attente de ses auteurs. Ce qu'exige la
matière grave et compliquée de l'irrigation, c'est
une loi complète et détaillée, une loi embrassant
et résolvant tous les cas qui peuvent se présenter,
et leur appliquant à tous des règles à la fois générales et sûres.

Enfin, de l'exécution d'un projet de loi restreint et partial dans ses vues, sortiront d'innombrables et fâcheux litiges. Des eaux, lais-
sées aujourd'hui à leur cours naturel, seront
dérivées au loin; les riverains inférieurs verront
diminuer la quantité de celles dont ils ont l'u-

sage, et de là des contestations fréquentes. A ces contestations s'ajouteront celles que ne peuvent manquer de produire l'établissement des servitudes et les indemnités dues aux propriétés qui les subiront; et les tribunaux, sans règles préétablies, contraints, dans la plupart des cas, à s'en rapporter à des experts, se trouveront accablés sous le poids de leur tâche.

Ces objections, Messieurs, votre commission les a examinées, et elle ne les a pas trouvées assez fondées pour qu'elles dussent l'empêcher de donner son assentiment au projet de loi.

Assurément, ce serait chose grave qu'une atteinte portée au droit de propriété. Au droit de propriété sont dus tous les biens, toutes les lumières qui ont élevé si haut les sociétés modernes, et plus est complet le respect qu'il obtient, plus sont heureux et rapides les progrès de la civilisation. Mais ici, où donc est l'atteinte au droit de propriété? Vainement l'avons-nous cherché; nous n'avons aperçu que la déclaration d'une de ces contraintes légales qui ne portent sur certaines portions du sol que dans un intérêt commun à toutes les autres, et qui, sagement réglées, rendent, en définitive, au droit de propriété beaucoup plus qu'elles ne semblent lui ôter.

On affirme que la propriété ne doit être at-

teinte dans son indépendance que pour cause
d'utilité publique : pas de principe moins con-
testable ; mais sait-on bien où commence et finit
l'utilité publique ? La loi ne le dit pas, et il lui
eût été impossible, en effet, de le dire. A côté
des grands et éternels intérêts de la défense et de
la sûreté nationales viennent s'en placer d'autres
dont il est donné au tems d'agrandir l'importance, et auxquels des concessions sont dues,
toutes les fois que le bien-être de tous dépend,
dans une certaine mesure, de leur admission au
nombre des intérêts que l'Etat privilégie. Ainsi
l'entend, avec raison, le gouvernement lui-
même. Le droit d'expropriation, ce droit si dé-
cisif et si considérable, ce n'est plus uniquement
afin d'ouvrir des voies de communications générales, d'assurer la salubrité locale ou d'accroître
la puissance militaire qu'il en permet l'usage ;
des usines, des établissemens industriels l'ont
obtenu, et, depuis sept ans, une loi et plusieurs
ordonnances, en autorisant les propriétaires
d'Epinac et du Creuzot, des mines d'Anzin et de
Decize à construire des chemins de fer sur le terrain d'autrui, les ont investis d'une prérogative
que la Charte et l'art. 545 du Code civil n'accordent que pour cause d'utilité publique (1).

____

(1) Loi du 17 juillet 1857 ; ordonnance en date des 26 dé-

Ici, au reste, ce n'est pas même du droit d'expropriation forcée qu'il est question, c'est de l'établissement d'une servitude d'aqueduc ; or, à cet égard, le projet de loi ne propose rien qui soit en désaccord avec l'esprit même de notre législation. Les servitudes établies par la loi ont pour objet l'utilité publique ou communale, ou l'utilité des particuliers. Voilà le texte de l'art. 649 du Code ; et cette énonciation est sensée et prévoyante ; car entre les utilités particulières et l'utilité publique qui résume ce qu'elles ont de commun, la distinction ne saurait être toujours ni bien nette ni même possible. Aussi comptons-nous, dans notre pays, plus d'une servitude légale à laquelle il serait facile de contester le caractère de l'utilité publique. Telle est, par exemple, celle si connue que l'enclave fait peser sur le champ qui l'environne. Certes, il eût pu sembler naturel de laisser au maitre de l'enclave le soin d'acquérir à prix débattu le droit d'accession à sa propriété. La loi ne l'a pas voulu ; elle a compris qu'il suffirait de mauvaises passions chez celui qui seul peut céder ce droit, pour frapper de stérilité une portion du

---

cembre 1837, 31 janvier et 12 septembre 1841, autorisant les propriétaires des usines et mines ci-dessus dénommés à construire des chemins de fer dans l'intérêt du transport de leurs produits jusqu'aux points de chargement à destination.

sol cultivable et en anéantir la fécondité au détriment de tous. La loi n'a pas admis non plus
qu'il fallût abandonner au hasard des conventions privées les intérêts attachés à la production minérale. A l'aspect d'une permission de
recherche délivrée par l'administration supérieure, tout propriétaire doit laisser creuser,
fouiller, bouleverser son domaine. Bien plus, la
mine, si elle existe, est concédée sans sa participation, et la terre qui lui appartient subit toutes
les modifications que requièrent les travaux de
l'exploitation. C'est que la loi n'a pas cru qu'il
n'y eût d'engagés à l'occasion des enclaves ou
des mines que des intérêts individuels; elle a
pensé qu'il s'agissait aussi d'intérêts généraux,
et qu'il importait d'ouvrir un accès facile à des
sources de richesse qui ne pouvaient demeurer
fermées sans préjudice pour la société tout entière. Des indemnités proportionnées à l'étendue des dommages dont les biens atteints par les
servitudes deviennent passibles, c'est là tout ce
qu'elle accorde aux propriétaires.

On le voit donc, le projet de loi ne propose
pas d'introduire dans notre législation un principe qui lui soit étranger ; ce qu'il propose, c'est
une application nouvelle d'un principe dès long-
tems accepté, et tout, en définitive, consiste à
savoir si cette application serait suffisamment

justifiée par l'importance des intérêts qui la sol-
licitent.

Or, ceci n'a pas fait doute dans bon nombre
d'États où la propriété, fortement constituée,
jouit de toute la sécurité désirable. Les droits
d'aqueducs et d'expropriation forcée que, sous
l'empire des nécessités dues aux circonstances
atmosphériques qui leur sont propres, avaient,
presque de tout tems, consacrés les contrées du
midi de l'Europe, celles du nord les ont admis
aussitôt que s'y est révélé le besoin d'ajouter, au
moyen de l'irrigation, à la puissance productive
du sol. Nulle part, en Allemagne et en Angleterre, on n'a imaginé que les mesures adoptées
ne fussent que des satisfactions accordées à des
intérêts particuliers qu'il vaudrait mieux laisser
s'arranger librement entre eux; on les a vues
sous leur véritable jour, comme des mesures qui,
en assurant au travail qui nourrit la population
des facilités devenues indispensables à ses progrès, réunissaient tous les caractères auxquels
se reconnaît l'utilité publique.

En serait-il autrement parmi nous? Le supposer, ce serait ignorer à quel point l'industrie
la plus essentielle au bien-être social est com-
primée dans ses développemens les plus nécessaires, et combien il est urgent de la mettre enfin à même d'avancer à plus grands pas dans les

voies nouvelles, où l'appellent de concert et les enseignemens de la science et les exigences croissantes de la consommation. Il n'est pas nécessaire de charger ce rapport de détails techniques, ni sur les proportions dans lesquelles un meilleur emploi des eaux, que nous laissons se perdre infructueusement, peut augmenter le produit et l'étendue des superficies herbagères, ni sur les additions de fécondité que recevrait le sol labourable en raison du surcroît des engrais à attendre de la multiplication des animaux ; d'autres ont amplement rempli cette tâche, et vous connaissez leurs écrits ; mais ce que nous ne saurions trop rappeler, c'est que de l'abondance des récoltes dépendent la richesse et la puissance des Etats, et qu'à rien de ce qui peut ajouter à cette richesse et à cette puissance ne saurait manquer le plus haut degré de l'utilité publique.

Ces considérations, Messieurs, nous ont paru répondre suffisamment à l'objection qui porte sur le principe même du projet de loi. Du moment où des indemnités, équitablement mesurées, en précèdent l'établissement, le parcours des eaux n'impose aux fonds traversés qu'une de ces servitudes dont la loi rend la propriété passible, toutes les fois qu'il importe de donner satisfaction à des intérêts d'un ordre supérieur.

Maintenant, est-il vrai que le projet de loi soit trop petit, trop restreint pour aller au but qu'il veut atteindre? Nous ne le contesterons pas : une loi générale, une de ces grandes lois qui règlent de haut, et dans toutes leurs particularités, les matières dont elles traitent, serait préférable : mais de telles lois, Messieurs, est-il donné à tous les tems de s'en occuper avec fruit, et convient-il de rejeter le bien dont nous pouvons nous saisir dans l'espoir, si souvent déçu, d'obtenir plus tard mieux et davantage? Voici de longues années que la France attend un Code rural, et tout annonce qu'elle l'attendra bien des années encore. Et quand ce Code sera soumis aux délibérations des Chambres ; quand douze cents articles au moins auront à subir l'épreuve d'autant de votes, qui oserait affirmer qu'ils en sortiront victorieux et conservant entre eux l'accord sans lequel l'application en serait inutile ou pernicieuse? Détachée même du Code rural où elle n'a pas sa place obligée, une loi générale et complète sur les irrigations serait encore une œuvre d'un labeur immense. Elle aurait à décider des questions de propriété, à statuer sur toutes les espèces d'eaux, à partir de celles qui s'amassent dans nos plus grands fleuves jusqu'à ces sources que l'art va chercher dans les profondeurs du sol, à organiser des modes et des systèmes de répartition non moins divers que les configurations locales, à formuler des chartes d'association, à prévoir et à définir une multitude de cas particuliers, et cela, dans un pays où l'usage des eaux n'est bien apprécié que sur un petit nombre de points du midi, et où manquent des connaissances qu'il faudrait emprunter presque toutes au dehors. Une entreprise si considérable, nous n'hésitons pas à le dire, est pleine de difficultés, et vainement en poursuivrait-on le succès.

Peut-être croit-on trop parmi nous à la facilité de réaliser d'un seul jet de grandes conceptions législatives. Les lois ne sont ni des œuvres d'art qui sortent complètes de la pensée qui les enfante, ni des créations systématiques libres de se jouer des résistances du monde réel : dans l'ordre économique surtout, ce qu'elles atteignent ce sont des faits mobiles par essence, et qui, subissant des transformations progressives, ne se dévoilent que partiellement et successivement; et mieux vaut toujours attendre pour en agrandir la portée que les lumières de la pratique soient venues éclairer pleinement la sphère où s'étend leur activité.

Aussi, Messieurs, malgré l'insuffisance qu'on lui reproche, pensons-nous que le projet de loi n'a fait que garder une réserve prudente. S'il est loin d'accorder aux entreprises d'irrigation le haut degré de faveur dont elles sont devenues l'objet dans la plupart des contrées de l'Europe, du moins leur assurera-t-il , si vous l'adoptez, des libertés dont elles ont été privées jusqu'ici , et , en admettant même que ces libertés soient trop restreintes , encore y a-t-il avantage à les accepter dès à présent. Ce qui restera à faire, le tems le montrera ; et le gouvernement , qui a annoncé l'intention de suivre attentivement la marche des faits, et de préparer, à l'aide des enseignemens qu'ils produiront , une œuvre plus complète et plus efficace , saura bien soumettre aux délibérations des Chambres toutes les dispositions additionnelles dont l'expérience lui révélera la nécessité.

Venons maintenant à la dernière des objections générales, à celle qui se fonde sur la supposition que de nombreuses et interminables contestations seront le fruit de l'application de la loi.

Et d'abord, il importe qu'on veuille bien se souvenir que le projet de loi n'admet d'autre innovation que la possibilité accordée aux propriétaires d'obtenir le passage des eaux, dont ils ont droit de disposer, sur les fonds d'autrui. Sur tout autre point, la législation présentement en vigueur ne subit aucune espèce de modification, et dès lors il demeure constant que les contestations, s'il s'en élève, auront pour cause soit l'exercice du droit de disposer des eaux, soit l'établissement des ouvrages d'art nécessaires à leurs parcours sur les terrains assujettis à leur donner passage.

Or, quant à la première de ces causes de litige, il est deux sortes d'eaux sur lesquelles ne saurait s'étendre son action. Ce sont les eaux dont l'état seul est maître, et celles dont les particuliers ont la possession complète. Pour celles-ci, ni la propriété, ni l'usage n'en peut être contesté. Tout ce qui s'y rapporte repose sur des titres clairs et positifs, et ne laisse aucun accès à la contradiction.

Restent les eaux courantes qui, n'étant ni navigables ni flottables, appartiennent en commun à tous ceux dont elles bordent les propriétés, et sur lesquelles, au fond, les propriétaires riverains n'ont que des droits d'usage dont l'étendue incertaine peut engendrer des abus et des dissentimens. Quant à celles-ci, c'est aux faits actuels à donner la mesure des faits à venir; aujourd'hui, chacun est libre d'en dériver le volume nécessaire à l'irrigation de ceux de ses champs qui en longent le cours. Voit-on sortir de l'exercice de cette faculté de graves complications et de bien nombreux procès? Certes, non.

En sera-t-il différemment lorsque la possibilité de conduire ces eaux au delà des champs qui seuls maintenant peuvent en recevoir l'épanchement en aura accru la valeur? Nous l'admettrions dans une certaine limite, si, comme on paraît le supposer, ces eaux ne relevaient d'aucune autorité, et s'il était loisible à tout riverain de ne consulter dans leur emploi que sa volonté personnelle. Mais on l'oublie trop; ces eaux ne sont pas abandonnées aux entreprises des usagers. L'Etat, s'il n'en a pas la propriété, n'en est pas moins le dispensateur. Il en a la police, et si des empiètemens venaient à appauvrir et à troubler la possession commune, ce serait à lui à imposer des réglemens qui, en assignant à chacun sa part, mettraient fin à des collisions dont souffriraient les intérêts collectifs qu'il est tenu de concilier et de satisfaire.

Ainsi, du droit de disposer des eaux ne peuvent naître que des contestations dont l'administration supérieure est libre de resserrer étroitement le cercle. C'est dans la multiplication des réglemens particuliers et locaux que la loi lui enjoint de faire, que se trouverait le remède au mal, s'il se produisait; et ce remède, nul doute qu'elle saurait l'employer.

Y aura-t-il en revanche beaucoup de contestations appelées par l'établissement des servi-

tudes de passage et les changemens qu'elles ap-
porteront à la situation des propriétés qui auront à les supporter? Des contestations, il y en
aura, surtout dans les premiers momens de
l'exécution de la loi. Jamais un droit nouveau
n'est mis en pratique sans soulever des oppositions et susciter des tentations abusives. Parmi
les propriétaires, les uns voudront obtenir des
concessions excessives, les autres se refuseront
aux arrangemens les plus simples, et des dissentimens iront se vider devant les tribunaux.
Mais ces dissentimens seront-ils nombreux? pré-
senteront-ils des complications qui en aggrave-
ront la nature? Tel n'est pas notre avis, et voici
pourquoi.

Imaginer que du moment où la loi paraîtra,
les propriétaires avides d'exercer le droit qu'elle
leur accorde vont s'empresser de le mettre à
profit, et que de toutes parts se multiplieront
sans règle ni mesure des entreprises d'irrigation
dont les auteurs tiendront peu de compte des
embarras que leurs travaux occasioneront à autrui, c'est se méprendre beaucoup. Ce n'est pas
chose si simple que conduire loin de leur point
de départ des eaux destinées à l'irrigation. Aux
indemnités à payer aux possesseurs des champs
traversés se joignent des dépenses de construction et de nivellement, et, comme les sacrifices

croissent à raison des distances à franchir, ce n'est pas témérairement que seront conçues et exécutées de telles opérations. Il y a plus : hors des portions de la France où subsistent des systèmes d'arrosage dont la population locale connaît par expérience les avantages, la loi trouvera d'abord peu de personnes préparées à user des latitudes qu'elle confère. On sait avec quelle lenteur les innovations les plus utiles s'accréditent dans les campagnes ; il n'y aura, pendant assez long-tems, que des propriétaires éclairés qui réclameront le bénéfice des dispositions nouvelles, et ceux-là mettront naturellement dans leurs actes toute la prudence et la réserve désirables.

De deux choses l'une, d'ailleurs : ou les contestations qu'on appréhende s'élèveront à l'occasion des demandes en obtention du droit de passage, et celles-là seront vidées tout d'abord ; ou elles auront pour cause le montant des indemnités dues à raison soit de la nature des travaux nécessaires au parcours de la conduite d'eau, soit de l'étendue des dommages résultant de l'écoulement des eaux ; et, parmi celles-ci, les premières seront terminées une fois pour toutes, et les secondes ne se renouvelleront pas fréquemment. En effet, ce sera d'ordinaire un avantage réel pour les propriétaires des fonds inférieurs que d'avoir à recevoir les eaux qui auront servi à l'irrigation. Ces eaux leur arriveront chargées de principes fécondans, et ceux d'entre eux qui auront commencé par croire aux inconvéniens de l'égouttement, ne tarderont pas à changer d'avis et à en solliciter le bienfait. C'est là du moins ce que l'expérience atteste dans tous les pays où l'irrigation est en usage.

En pareille matière, il faut se confier un peu à la sagacité des intérêts. Ce qui aplanira bien des difficultés, c'est qu'il deviendra bientôt évident que les facilités accordées aux irrigateurs ne seront pas profitables à eux seuls. En augmentant considérablement les masses de fourrage, les irrigations offriront aux cultivateurs du voisinage la possibilité d'en obtenir à meilleur marché, et cet avantage si grand suffira pour les amener à favoriser des entreprises qui, avant qu'ils aient pu en recueillir leur part de bénéfice, n'auront peut-être pas rencontré leur assentiment.

Telles sont, Messieurs, les considérations qui nous ont empêché de regarder comme bien fondées les objections dont la proposition de loi a été l'objet. Il en reste de moins générales dont nous allons vous entretenir en vous rendant compte des dispositions contenues dans les articles.

L'article 1ᵉʳ renferme la disposition fondamentale du projet de loi, celle qui permet à tout propriétaire qui voudra se servir, pour l'irrigation de ses propriétés, des eaux dont il a droit de disposer, d'en obtenir le passage sur les fonds intermédiaires. Déjà nous sommes entré, au sujet de ce principe, dans tous les détails désirables. Seulement nous vous ferons remarquer que les maisons, cours, jardins et enclos attenant aux habitations sont exceptés de la servitude. C'est là une exception que votre commission ne peut qu'approuver. Toucher à l'habitation et à ses annexes, en changer l'économie et la distribution, c'est souvent froisser des sentimens et des souvenirs dont le charme demande des ménagemens particuliers, et n'est jamais susceptible de justes évaluations pécuniaires.

L'art. 2 soumet les propriétaires des fonds inférieurs à recevoir, moyennant indemnité, les eaux qui s'écouleront des terrains irrigués. C'est une obligation que leur impose déjà l'art. 640 du Code civil à l'égard des eaux naturelles. Ainsi que nous avons eu l'occasion de le faire remarquer, cette obligation, féconde en avantages que reconnaîtront facilement ceux qu'elle atteindra, ne sera pas long-tems une cause de plaintes et de contestations.

Ni dans la proposition de M. le comte d'Angeville, ni dans le travail de la commission de la

Chambre des députés, ne figurait originairement la disposition qui forme l'art. 3 du projet
de loi. C'est à titre d'amendement qu'elle y a
obtenu place, et avec beaucoup de raison, à
notre avis. Si quelque chose, en effet, peut sembler étrange, c'est qu'une telle disposition n'exis-
tât pas dans notre législation. Rendre à la
culture des terrains submergés, ce n'est pas
seulement élargir les superficies où se produit la
richesse territoriale, c'est aussi assainir le sol et
tarir dans leur source des maladies et des souf-
frances sous le poids desquelles succombent an-
nuellement de malheureuses populations. Assurément, il serait difficile d'imaginer une œuvre
plus utile et que réclame plus impérieusement
l'intérêt public.

L'art. 4 défère aux tribunaux les contestations
auxquelles pourront donner lieu l'établissement
de la servitude du passage, les opérations à
l'aide desquelles les eaux seront recueillies et
conduites, ainsi que les indemnités à fixer pour
dommages éprouvés par les propriétaires des
terrains traversés. Cette disposition a soulevé les
objections dont nous avons à vous entretenir.

Au dire de quelques personnes, l'administration va se trouver privée de la part d'action qui,
dans l'intérêt de tous, devrait lui être réservée.
Seule elle est à même de répartir convenable-

ment les eaux entre les ayants droit, de déterminer le volume des prises, et c'est réduire ses
attributions que ne pas la charger du soin de
régler tout ce qui peut résulter de l'usage de ces
mêmes eaux. Les tribunaux ne sont pas aptes à
remplir la tâche qu'on leur décerne ; ils ne se
maintiendront pas dans les limites de leur compétence, et de nombreux conflits de juridiction
ne tarderont pas à s'élever, au grand détriment
de la propriété.

Ces assertions, Messieurs, sont le résultat
d'une méprise. Ainsi que le dit expressément
l'art. 5 du projet de loi, il n'est dérogé en rien
aux lois qui règlent la police des eaux, et l'administration n'est menacée de perdre aucun des
pouvoirs qu'elle a exercés jusqu'ici. La tutelle
dont elle est investie, le droit d'imposer des réglemens particuliers et locaux que les tribunaux
ont à observer dans les jugemens qu'ils pronon-
cent, tout cela subsiste, et nous ne voyons pas
qu'il y soit porté la moindre atteinte. C'est l'administration supérieure qui, à l'avenir comme
dans le passé, surveillera l'usage des eaux dont
la propriété est collective ; c'est elle qui les ré-
partira entre les riverains, qui fera la part des
usines aussi bien que celle des irrigations, qui
ordonnera l'entretien des berges, et exigera les
curages ; seulement, s'il arrive que les eaux, de-

venues plus précieuses, soient plus recherchées, elle aura à multiplier ses soins, et son action, bien loin d'en être amoindrie, y gagnera en étendue et en utilité.

Ajouter aux prérogatives de l'administration, l'appeler à juger les contestations mentionnées dans l'art. 4, ce serait, au contraire, confondre et bouleverser tous les principes de la législation. Aujourd'hui, l'administration, en imposant des réglemens locaux dans l'intérêt collectif des riverains, assigne à chacun sa part à la propriété commune, et distribue en réalité les titres en vertu desquels a lieu l'usage des eaux. Quant aux tribunaux, ils n'ont pas à discuter les réglemens; ils en maintiennent l'exécution, et n'ont ainsi à statuer au fond que sur des plaintes pour dommages causés à la propriété par les empiétemens que se permettent sur les droits d'autrui ceux qui tentent d'abuser de titres définis et limités par l'autorité légale. Voilà la règle posée par l'art. 645 du Code civil. Or, dans les cas prévus par l'art. 4 de la proposition de loi, et il est essentiel d'y faire attention, il ne s'agit pas même de contestations sur le volume et le mode des dérivations fixés par les actes administratifs, il s'agit simplement de contestations provenant des circonstances du passage des eaux sur les fonds intermédiaires, c'est-à-dire des lésions à la propriété privée, dont la justice civile a seule droit de connaître, et dont seule aussi elle a droit de stipuler et d'exiger la réparation.

Redouter de nombreux conflits de juridiction, c'est encore oublier que rien n'est changé dans l'ordre et la nature des compétences. Les conflits aujourd'hui ne sont pas communs, et d'ordinaire ont pour source des transactions entre usiniers qui parfois dénaturent les termes des autorisations qu'ils tiennent de l'administration supérieure. Tandis que les tribunaux considèrent comme valables des conventions acceptées par les parties, l'administration leur refuse ce caractère et n'en permet pas l'exécution. Mais ces conflits, qu'une décision législative préviendrait si facilement, l'extension des irrigations n'en saurait multiplier le nombre ; car le droit à l'usage des eaux, dont jouissent les riverains, est inhérent à la propriété même, et nul ne peut disposer en faveur d'autrui que de la part limitée dont il est possesseur, et en établissant la première dérivation sur son propre sol.

On prétend encore qu'en se bornant à recommander aux tribunaux de concilier dans leurs actes l'intérêt des opérations d'arrosage avec le respect dû à la propriété, on les laisse sans injonctions précises, et qu'il ne sortira de leurs arrêts qu'une jurisprudence hasardeuse, confuse, pleine d'erreurs et de contradictions.

Il eût été, à notre avis, bien plus périlleux encore d'aller au devant du danger et de descendre dès à présent à des dispositions de détail dont rien n'eût garanti la sagesse. Certes, les tribunaux ne sont pas infaillibles, et l'erreur se mêle parfois à leurs décisions ; mais contre l'inconvénient que l'on appréhende existent des sûretés dans la simplicité même des cas sur lesquels il faudra prononcer. Ce seront des contestations sur l'étendue et la réalité des dommages apportés aux propriétés où les eaux obtiendront passage et auront leur écoulement, qui seront portées devant les tribunaux : or, de tels dommages, il n'est pas de cultivateur un peu expérimenté qui ne soit apte à en constater, presque à la première vue, la véritable valeur. Des experts suffiront sans peine à l'œuvre, et leur dire mettra les tribunaux en demeure de prononcer sans courir le risque de blesser l'équité.

Nous touchons, Messieurs, au terme de la tâche que vous nous avez confiée. En autorisant les propriétaires à obtenir la faculté de faire passer les eaux dont ils ont le droit de disposer sur le champ d'autrui, le projet de loi constitue un genre de servitude encore inusité parmi nous, et l'innovation a paru grave à des hommes qui, dans le respect profond qu'ils portent au Code dont la France est fière à juste titre, inclinent à repousser tout changement dont l'admission semble en rendre la perfection douteuse. Pour nous, c'était un motif de plus d'examiner attentivement la question, et non-seulement l'innovation nous a paru n'avoir rien que de juste et de nécessaire, rien que de strictement conforme à l'esprit même de nos lois ; mais s'il nous restait une appréhension, ce serait qu'elle ne soit pas assez large pour dégager suffisamment la première de nos industries (celle dont chaque pas, en accroissant la richesse et la population, ajoute aux forces nationales) des obstacles qui, maintenant, en contrarient et ralentissent le bienfaisant essor. Ainsi le projet de loi n'admet pas le droit d'appui, ce droit si nécessaire au libre usage des eaux propres à l'irrigation ; ainsi il n'offre aucun encouragement à la formation des associations dont l'action combinée permettrait d'étendre sur de vastes superficies le bienfait de l'arrosement, et tant de réserve en atténuera l'efficacité.

Tel qu'il nous a été transmis, le projet, cependant, aura son utilité. S'il ne produit pas autant de bien que les législations plus hardies et plus décisives sous lesquelles viennent de se placer quelques États de l'Europe, du moins en

produira-t-il assez pour mériter notre assentiment. Grâce aux dispositions qu'il contient, de
nombreux moyens de production cesseront de
demeurer stériles ; à des ressources dont l'insuffisance comprime les développemens de l'agriculture, il permettra d'en joindre de nouvelles,
et au sein des campagnes d'une fertilité mieux
assurée, s'amasseront de plus belles et plus
abondantes récoltes. Ce sont là des avantages
trop réels pour être délaissés. Sans doute, l'avenir ne s'en contentera pas, et le moment vien-
dra où il faudra les étendre ; mais alors l'expérience aura porté ses fruits, et de toutes parts
s'offriront au législateur les lumières dont il aura
besoin pour achever sûrement sa tâche.

Votre commission, Messieurs, vous propose
l'adoption du projet de loi.

Législation Sarde.

(Extraits du Code civil Sarde, promulgué en 1837.)

Art. 403. Les sources, les réservoirs et les cours d'eau sont considérés comme immeubles.

Il en est de même des conduits servant à faire arriver des eaux dans un bâtiment ou autre héritage. Ces conduits sont réputés faire partie du fonds à l'usage duquel les eaux sont destinées...

551. Les fonds inférieurs sont assujettis envers ceux qui sont plus élevés à recevoir les eaux qui en découlent naturellement sans que la main de l'homme y ait contribué.

Le propriétaire inférieur ne peut point élever de digue qui empêche cet écoulement.

Le propriétaire supérieur ne peut rien faire qui aggrave la servitude du fonds inférieur.

555. Celui qui a une source dans son fonds peut en user à sa volonté, sauf le droit que le propriétaire du fonds inférieur pourrait avoir acquis par titre ou par prescription.

La prescription, dans ce cas, ne peut s'acquérir que par une jouissance non interrompue pendant l'espace de trente années, à compter du moment où le propriétaire du fonds inférieur a fait et terminé, *sur le fonds supérieur*, des ouvrages apparens destinés et *ayant servi* à faciliter la chute et le cours de l'eau dans sa propriété (1).

560. Tout propriétaire ou possesseur d'eau peut en user à sa volonté, et même en disposer en faveur d'autres personnes, s'il n'y a titre ou prescription contraire ; mais, après s'en être servi, il ne peut détourner les eaux de manière à en occasioner la perte au préjudice des autres fonds qui seraient à même d'en profiter sans donner lieu à aucun engorgement ni causer d'autres dommages aux usagers supérieurs ; celui qui voudra tirer avantage de ces eaux en devra payer la valeur, soit qu'il s'agisse d'une source existante dans le fonds supérieur, ou de toute autre eau qui y aurait été introduite en suite d'une concession.

622. Toute commune, tout corps, tous particuliers, sont tenus de donner passage sur leurs fonds aux eaux que veulent conduire ceux qui ont

---

(1) Cette disposition est plus complète et plus prévoyante que celle de l'art. 642 de notre Code civil. Les expressions *sur le fonds supérieur* et *ayant servi*, qu'elle ajoute à notre texte, évitent de longues controverses qui ont divisé les jurisconsultes et qui n'ont cessé que par la jurisprudence de la Cour de cassation. *Voy.* notre *Régime des Eaux*, n°s 728 et 729

le droit de les dériver des fleuves, rivières, fontaines ou d'autres eaux pour l'irrigation des terres ou pour l'usage de quelque usine. Les maisons, ainsi que les cours, aires et jardins qui en dépendent, sont cependant exceptés de la disposition du présent article (1).

625. Lorsque, pour la conduite des eaux, on sera obligé de traverser des chemins publics ou communaux, ou des fleuves, rivières et torrens, on devra se conformer aux lois et aux réglemens spéciaux sur les eaux et chemins.

626. Celui qui veut faire passer des eaux sur le fonds d'autrui doit justifier que l'eau dont il peut disposer suffit à l'usage auquel elle est destinée, et que le passage qu'il demande est, eu égard à l'état des fonds voisins, à la pente et aux autres conditions requises pour la conduite, le cours et la décharge des eaux, le plus convenable et celui qui causera le moins de dommages aux biens.

627. Celui qui veut conduire des eaux sur l'héritage d'autrui doit, avant d'entreprendre la construction d'un aqueduc, payer la valeur du sol à occuper, suivant l'estimation qui en aura été faite, sans déduction des impositions et des

---

(1) Cette disposition est adoptée par la loi du 29 avril 1845. *Voy.* notre Commentaire.

autres charges qui seraient inhérentes au fonds, et avec l'augmentation du cinquième en sus. Il sera, en outre, tenu des dommages immédiats, dans lesquels on comprendra ceux résultant de la séparation en deux ou plusieurs parties du fonds à traverser, ou de toute autre détérioration.

Législation Lombarde.

(Extraits de la loi du 20 avril 1804, relative aux frais des travaux et à l'administration des eaux publiques.)

Art. 51. Tout particulier est tenu de céder le terrain nécessaire au creusement, à la rectification, à la dérivation, ainsi qu'à l'endiguement des fleuves, canaux de navigation, d'irrigation et d'écoulement publics, et, en général, à tous les travaux relatifs aux eaux et qui ont un but d'utilité publique. Il sera indemnisé, au besoin, selon l'équité.

52. Quiconque, possédant légitimement des eaux privées ou publiques, entend les dériver dans l'intérêt de l'agriculture ou pour mettre en jeu des machines ou engins hydrauliques, peut les faire passer sur le terrain d'autrui en payant

la valeur constatée par estimation du terrain occupé par l'aqueduc à construire, plus le quart en sus ; en s'obligeant à entretenir cet aqueduc, les berges, travaux d'art, etc...; comme encore à indemniser le propriétaire asservi de tout dommage que l'opération pourrait causer au fonds traversé.

53. Les aqueducs ou canaux sont établis sur la partie de la propriété où, à dire d'expert, ils causent le moins de préjudice au fonds servant, sans que pourtant la dérivation des eaux en puisse jamais être entravée ou rendue moins commode.

54. Les terrains inférieurs ne peuvent se refuser à donner issue aux eaux supérieures. Outre les dispositions des articles précédens, c'est aux propriétaires des terrains supérieurs qu'incombe la dépense des excavations à faire pour l'écoulement des eaux, ou pour la défense des terres par lesquelles les colatures (1) doivent passer; ils paient aussi une indemnité suffisante pour tout dommage qui, en quelque moment que ce soit, résulte de ces servitudes pour les terres traversées. Le présent article n'altère en rien l'effet

---

(1) Colatures, en italien *colature*, eaux que les terrains arrosés n'ont point absorbées, et qu'il faut jeter au dehors de la pièce de terre ou de la propriété irriguée.

des conventions, possessions et servitudes légitimement acquises (1).

55. Il est défendu de faire des excavations
pour ouvrir passage à des sources ou têtes de
fontaines, canaux secondaires et conduites d'eau,
comme encore de creuser davantage ou d'élargir les excavations anciennes ou les sources existantes, dans le voisinage des fleuves ou canaux,
et ce, à une distance où, à dire d'experts, ces
travaux pourraient nuire aux fleuves et canaux
ou à leurs ouvrages défensifs.

(Décret du 20 mai 1806.)

Art. 12. Il est permis à chacun de faire jaillir
des sources sur sa propriété et d'y faire circuler
leurs eaux, sauf la disposition de la loi du 20
avril 1804, art. 55, et sauf encore les droits des
tiers.

Législation Parmesane.

(Extraits du Code civil de Parme, promulgué en 1820.)

Art. 413. Les particuliers sont astreints à céder l'usage de leurs propres fonds, pour l'utilité

---

(1) Sur les trois articles précédens, *voyez* notre Commentaire de la loi du 29 avril 1845.

du fonds d'autrui, mais seulement dans les cas déterminés au chapitre des servitudes.

536. Le passage sera pris régulièrement du côté où, du fonds enclavé à la voie publique, le trajet est le plus court.

Néanmoins, le passage doit être établi dans l'endroit où il peut causer le moins de préjudice à celui sur le fonds duquel il est accordé.

537. Celui qui, pour irriguer sa propriété, a besoin de dériver des eaux, en les faisant passer sur les fonds d'autres propriétaires, peut contraindre ceux-ci à lui accorder le droit d'aqueduc, ou à lui livrer passage pour ses eaux, moyennant indemnité, et en observant les autres règles établies par l'article précédent.

541. Si la servitude est affirmative, la possession commence du jour où le propriétaire du fonds dominant a entrepris de faire usage du fonds servant ; si elle est négative, la possession commence du jour de la prohibition faite par le propriétaire du fonds dominant au propriétaire du fonds servant, pour empêcher le libre usage (1).

542. Lorsqu'il s'agit d'eau qui, du fonds supérieur ou d'une source qui y existe, coule sur

---

(1) Sur cet article et le précédent, *voyez* nos observations, page 106.

le fonds inférieur, la construction d'ouvrages visibles, exécutés par le propriétaire du fonds inférieur, sur l'héritage supérieur, pour faciliter le cours de cette même eau sur le sien propre, équivaut à la prohibition dont il est fait mention dans l'article précédent.

Législation du grand-duché de Hesse.

(Loi sur la culture des prairies, promulguée en 1830.)

Art. 1er. Lorsque pour l'amélioration d'un canton de prés, les parties intéressées ne s'entendent pas amiablement sur la cession ou l'échange d'un immeuble, sur la résolution ou la restriction d'un droit, ou sur l'exécution des travaux nécessaires pour amener, détourner et partager l'eau, la loi autorise l'expropriation, qui sera ordonnée et réglée par une décision rendue dans les formes prescrites par la présente loi, et après le paiement d'une juste indemnité.

Législation Prussienne.

(Loi sur les irrigations, promulguée en 1843.)

Art. 1er. Chaque riverain d'un cours d'eau privé (source, ruisseau, rivière ou étang à eau courante) peut s'en servir à son passage pour son avantage personnel, et sous les conditions prévues par les art. 13 et suivans de la présente loi, à moins que ce cours d'eau ne soit la propriété d'un tiers, ou que les lois provinciales, statuts locaux, ou des titres constituant des droits spéciaux ne motivent une exception.

Les lois rendues sur la jouissance de l'eau nécessaire au roulement des moulins et autres usines, sur les droits de pêche et de flottage, sont maintenues en tant que la présente n'y déroge.

8. Les propriétaires d'un cours d'eau, les riverains, ceux qui jouissent d'un droit d'irrigation ou de dérivation, ne sont tenus de souffrir le flottage que s'il y a décision administrative.

13. Le droit qui appartient à chaque riverain, de jouir de l'eau courante à son passage, est limité par les règles qui suivent :

1er Ce riverain ne peut pas faire refluer les

eaux au delà des bornes de son héritage et inon-
der les propriétés voisines.

2° L'eau détournée doit être rendue au cours
d'eau à la sortie de son fonds.

Les propriétés de plusieurs riverains qui se
sont entendus pour l'exercice de ce droit sont
considérées comme formant une seule pièce, et
elles sont soumises aux mêmes obligations.

14. Si les héritages des deux rives appartiennent à des propriétaires différens, chaque riverain a droit de jouir de la moitié des eaux.

15. Le riverain peut concéder à un tiers son
droit de jouissance des eaux ; les règles qui fixent
cette jouissance sont applicables au cession-
naire (1).

16. Les propriétaires des moulins et usines
établis avec autorisation du gouvernement, et
qui existeront au moment de la publication de
la présente loi, ont droit de former opposition à
l'exécution des travaux que le riverain entre-
prend pour la jouissance des eaux, en conformité
des art. 1er et 13, mais seulement dans les cas
suivans :

---

(1) Quoique nous ne trouvions pas dans nos lois de disposition spéciale et formelle pareille à celle ci-dessus, nous croyons
qu'on ne peut refuser au riverain la faculté de céder son droit
à des non riverains, s'il n'en résulte pas de préjudice pour les
tiers ; car tout droit peut être aliéné quand aucune loi ne le
défend.

1° Lorsque le volume d'eau concédé par un titre, soit qu'il s'agisse de la totalité ou partie déterminée, éprouve une diminution;

2° Lorsque l'eau dérivée pour l'irrigation met obstacle au roulement de l'usine.

Quiconque, à l'avenir, établira ou agrandira une usine sans une autorisation spéciale donnée à cet effet, sera privé du droit de se pourvoir par opposition.

17. Celui qui a un droit de pêche ne peut s'opposer à l'exécution des travaux d'irrigation; mais, s'il éprouve un préjudice, il lui est dû une indemnité.

18. Le riverain peut exécuter des travaux d'irrigation sans autorisation préalable.

Il réclame l'intervention de l'administration, s'il veut avoir connaissance des oppositions et des demandes en indemnité auxquelles peuvent donner lieu :

1° Les travaux projetés ou exécutés, et la dérivation de l'eau nécessaire aux irrigations;

2° La cession ou la restriction du droit d'un tiers exigée, et l'exécution de travaux nécessaires à une nouvelle prise d'eau ou à la conservation de celle existante.

24. Dans le cas prévu par l'art. 18, § 2, l'intervention de l'administration ne peut être de-

mandée que si l'amélioration projetée présente un avantage notable, et si le demandeur s'oblige à payer une juste indemnité.

25. Si les conditions prescrites par l'art. 24 sont remplies, le riverain peut demander :

1° Sur le fonds d'autrui, l'exécution des travaux nécessaires à l'irrigation, à titre de servitude légale, lorsqu'ils ne peuvent être établis sur son héritage;

2° La jouissance de la rive opposée pour la construction et l'appui d'un barrage;

3° L'affranchissement de l'obligation prescrite par l'art. 13, § 1er;

4° La restriction du droit de prise d'eau qui appartient au propriétaire d'une usine.

Dans le cas prévu par le § 1er du présent article, le propriétaire qui ne veut pas souffrir une servitude sur son fonds peut exiger que la partie du terrain nécessaire aux travaux d'irrigation soit achetée par le demandeur, qui est tenu de l'acquérir. Ce droit ne peut être exercé par le propriétaire que dans les trois mois à partir du jour où il a eu connaissance de la demande du riverain.

Dans le cas prévu par le § 2 de l'art. 25, le propriétaire de la rive opposée peut opter, ou pour une juste indemnité, ou pour la jouis-

sance de la moitié des eaux ; s'il opte pour l'indemnité, ou s'il ne fait pas de déclaration dans
le délai de trois mois, il perd son droit à la
jouissance de l'eau ; dans le cas contraire, il est
tenu de payer la moitié des frais de construction
du barrage.

27. Dans les cas prévus par les art. 24 et 25,
l'administration décide si la cession ou la restriction d'un droit est obligatoire, et sous
quelles conditions elle doit être faite. Les règles
tracées par l'art. 23 sont applicables à cette décision.

28. La décision du gouvernement est nécessaire lorsque la demande de la cession ou de la
restriction d'un droit est plus étendue que l'expropriation autorisée par l'art. 25.

32. Lorsque, pour la dérivation des eaux, le
riverain demande leur passage sur un fonds appartenant à autrui, les commissaires vérifient
si le passage est nécessaire, et sur quelle étendue il doit être pratiqué, s'il y a lieu de construire des ponts, des clôtures, etc..., et si ceux
existans doivent être conservés pour garantir le
propriétaire de tous dommages sur la partie du
fonds qui reste en sa possession.

33. Lorsque le riverain demande à appuyer
un barrage sur la rive opposée, les commis-

saires désignent le lieu le moins dommageable et le plus convenable à l'entreprise projetée (1).

34. Lorsqu'il s'agit de restreindre le droit de jouissance des eaux qui compète à des propriétaires d'usines, les commissaires examinent quelle doit être, pour assurer le succès de l'entreprise, l'étendue de cette restriction.

Législation Wurtembergeoise.

(Loi sur les irrigations et les desséchemens.)

Art. 1er. Les travaux d'art peuvent être établis sur les bords ou dans le lit des eaux courantes pour l'usage des irrigations ou des desséchemens. L'établissement de pareils travaux, ainsi que les changemens à faire à ceux existans, sont soumis

---

(1) Toutes nos lois sont contraires à cette disposition , que ne renferme même pas celle du 29 avril 1845.

Le congrès central agricole réuni à Paris, sous la présidence de M. le duc Decazes, s'est occupé des irrigations dans ses séances des 14 et 15 mai 1845 ; il a émis le vœu que le gouvernement fasse étudier les mesures législatives propres à mettre les eaux du pays à la disposition de l'agriculture et à faciliter les associations des propriétaires pour les irrigations ; il a particulièrement insisté pour l'adoption d'une mesure qui accorderait le droit d'appuyer un barrage sur le fonds d'autrui.

à la vérification préalable de l'autorité, et aux mesures qu'elle prescrit pour leur exécution.

2. Si les travaux nécessaires aux irrigations ou aux desséchemens ne peuvent être établis d'une manière profitable qu'en étendant ces irrigations ou ces desséchemens sur des terrains appartenant à plusieurs propriétaires, et si le consentement de tous n'est pas obtenu par la voie amiable, les opposans peuvent être, dans les cas suivans, contraints à prendre part aux dépenses et aux travaux :

1" Lorsque les propriétaires des deux tiers de la surface à irriguer ou à dessécher demandent l'exécution de l'entreprise;

2° Lorsque, de l'avis de l'administration, un avantage incontestable en sera la conséquence.

3. Lorsqu'un projet d'irrigation ou de desséchement n'est exécutable qu'en accomplissant une ou plusieurs des trois conditions suivantes :

1" En acquérant la propriété d'un tiers;

2" En grevant d'une servitude cette même propriété;

3" En privant un tiers d'un droit de prise d'eau, ou au moins en restreignant ce droit;

Les intéressés peuvent, en vertu de l'art. 30 de la Charte, si toutefois un avantage incontestable doit être le résultat de l'entreprise, demander que, moyennant une juste et préalable indemnité, l'expropriation de la propriété, de la servitude ou du droit entier, ou même de partie du droit, soit prononcée.

13. Les propriétaires de prairies situées sur le bord ou dans le voisinage d'une eau courante, sont autorisés à se servir de celle-ci pour l'irrigation de leur propriété, lorsque cette irrigation ne porte pas préjudice à autrui, non plus qu'à la navigation, au flottage et au droit de jouissance des meuniers ou d'autres usiniers.

FIN.